基金项目

本专著为2022年度河南省高校人文社会科学研究一般项目《"十四五"时期河南省数字经济高质量发展路径研究》(项目编号:2022-ZZJH-060)研究成果。

"十四五"时期河南省数字经济高质量发展路径研究

张倩丽 著

哈尔滨出版社
HARBIN PUBLISHING HOUSE

图书在版编目(CIP)数据

"十四五"时期河南省数字经济高质量发展路径研究 / 张倩丽著. — 哈尔滨:哈尔滨出版社,2022.7
　ISBN 978-7-5484-6612-3

　Ⅰ.①十… Ⅱ.①张… Ⅲ.①区域经济发展—研究—河南 Ⅳ.①F127.61

　中国版本图书馆CIP数据核字(2022)第133522号

书　　名:"十四五"时期河南省数字经济高质量发展路径研究
　　　　　"SHISIWU" SHIQI HENAN SHENG SHUZI JINGJI GAOZHILIANG FAZHAN LUJING YANJIU
作　　者:张倩丽　著
责任编辑:李金秋
装帧设计:中图时代
出版发行:哈尔滨出版社(Harbin Publishing House)
社　　址:哈尔滨市香坊区泰山路82-9号　　邮编:150090
经　　销:全国新华书店
印　　刷:三河市嵩川印刷有限公司
网　　址:www.hrbcbs.com
E – mail:hrbcbs@yeah.net
编辑版权热线:(0451)87900271　87900272
销售热线:(0451)87900202　87900203
开　　本:710 mm×1000 mm　1/16　印张:11.75　字数:200千字
版　　次:2023年3月第1版
印　　次:2023年3月第1次印刷
书　　号:ISBN 978-7-5484-6612-3
定　　价:68.00元

凡购本社图书发现印装错误,请与本社印制部联系调换。
服务热线:(0451)87900279

前　言

　　数字经济是互联网、云计算、大数据、人工智能等新一代信息技术与经济和社会各个方面深度融合的结果。它是促进全球经济增长的重要引擎。当前，在以数字技术为代表的新一轮技术革命和产业革命中，颠覆性技术创新不断涌现，数字经济迎来空前机遇。"十四五"期间，《中华人民共和国国民经济和社会发展第十四个五年规划和2035年远景目标纲要》中提出要迎接数字时代，激活数据要素潜能，推进网络强国建设，加快建设数字经济、数字社会、数字政府，以数字化转型整体驱动生产方式、生活方式和治理方式变革。河南省发展和改革委员会日前已正式下发《关于印发2020年河南省数字经济发展工作方案的通知》，到2020年，河南数字经济占GDP比重达到30%以上。可见，河南省数字经济时代正在从无到有地蓬勃发展，同时，为实现数字工业化和产业数字化，河南省经济结构优化升级不断加快。因此，抓住新业态下数字化转型的机遇，大力发展数字经济，成为未来实现经济高质量发展的关键，具有重要的现实意义。

　　本著作共分为八个部分：第一章对数字经济的相关理论进行了界定，包括数字经济的概念、框架、特征、发展历程及评价指标体系等，根据《"十四五"数字经济发展规划》，并结合其他相关资料，本书将数字经济的发展情况概括为以下四个方面：新型基础设施建设情况、产业数字化和数字产业化、数字政府及数字治理情况和数字经济国际合作（跨境电商）情况，并分别在后面的第三章到第六章结合河南省具体情况进行介绍；第二章对河南省发展数字经济的必要性进行了论述，疫情为数字经济的发展提供了机遇，我国数字经济发展环境非常优渥，这有利于河南省的乡村振兴、企业数字化转型、中心城市建设及教育资源共享；第三章介绍了河南省数字经济基础设施建设情况，首先对新基建的内涵辨析、发展规律进行了阐述，随后介绍了河南省目前新基建的建设情况，接着分析了面临的问题和潜在风险，最后提出新基建高质量建设对策及风险规避；第四章对河南省产业数字化转型情况进行了深入分析，从数字经济对制造业、服务业及农业的影响研究入手，提出对应的政策观点；第五章侧重于跨境电商，介绍了河南省数字经济国际化情况，该章节分别对河南省和郑州市的跨境电商的开展情况、存在问题进行了深入分析，随后提出优化路径；第六章介绍了河南省数字治理情况，包括数字治理的内涵，演进历程与学科使命，河南省数字治理体系的短板和问题及数字治理的机制创新路径；第七章对河南省数字经济发展过程中存在的问题进行了深入分析，提出了包含数字经济发展不平衡、缺乏创新性、核心技术薄弱等在内的七个主要问题，第八章则针对性地提出河南省数字经济高质量发展策略，期望通过上述对策，可以对河南省数字经济高水平健康绿色发展路径提供有益的建议。

在编写过程中，由于水平有限，书中可能还存在疏漏之处，恳请大家不吝指正，以使本书渐臻完善。

作 者

2022 年 2 月

目 录

第一章 数字经济相关概念界定 … 1
- 第一节 数字经济的内涵 … 1
- 第二节 数字经济的框架界定 … 3
- 第三节 数字经济的特征 … 6
- 第四节 数字经济发展历程 … 8
- 第五节 数字经济评价指标体系 … 10

第二章 河南省发展数字经济的必要性 … 11
- 第一节 新冠肺炎疫情下数字经济的发展机遇 … 11
- 第二节 我国数字经济发展环境优渥 … 12
- 第三节 助力县域经济，平衡河南省经济发展 … 13
- 第四节 有利于郑州创新型城市建设 … 20
- 第五节 助力河南省中小企业数字化转型 … 28
- 第六节 有利于实现教育资源共享 … 35

第三章 河南省新型基础设施建设情况 … 45
- 第一节 新型基础设施建设内涵辨析 … 46
- 第二节 新型基础设施建设特征及发展规律 … 49
- 第三节 中国互联网的发展 … 51
- 第四节 河南省新型基础设施建设的现状和成效 … 66
- 第五节 河南新型基础设施建设面临的问题 … 70
- 第六节 新型基础设施建设中面临的潜在风险 … 71
- 第七节 推进河南新型基础设施建设的对策建议及风险规避 … 73

第四章 河南省产业数字化转型情况 … 77
- 第一节 数字产业划分 … 77
- 第二节 河南省产业结构的演进阶段与规律 … 77
- 第三节 数字经济产业对于产业结构改进提升的作用剖析 … 79
- 第四节 河南省产业结构变迁的动力机制 … 82
- 第五节 数字经济对制造业发展的影响分析 … 83

第六节　数字经济对服务业的影响分析 ································· 87
第七节　数字经济推动农业可持续发展分析 ························· 91
第八节　政策观点 ··· 93

第五章　河南省跨境电商运营情况 ··· 99
第一节　数字政府背景下营商环境的经验启示 ························ 99
第二节　河南跨境电商营商环境现状分析 ····························· 101
第三节　河南跨境电商营商环境存在的问题 ························· 108
第四节　优化河南跨境电商营商环境的对策 ························· 112
第五节　郑州市跨境电商营商环境的建设现状 ······················ 115
第六节　郑州市跨境电商营商环境建设中的挑战 ··················· 121
第七节　郑州市跨境电商营商环境的优化路径 ······················ 122

第六章　河南省数字治理情况 ·· 125
第一节　数字治理的概念与内涵 ·· 125
第二节　超越电子政务、数字政府和数据治理的数字治理 ······· 128
第三节　数字治理内涵演进历程与学科使命 ························· 130
第四节　数字技术应用于智能治理的突出优势 ······················ 135
第五节　河南省数字治理体系建设的短板和问题 ··················· 136
第六节　河南省数字治理的机制创新路径 ····························· 140

第七章　河南省数字经济发展中存在的问题分析 ······················· 144
第一节　数字经济发展不平衡问题突出 ······························· 144
第二节　数字产业信息基础设施支撑能力不足 ······················ 145
第三节　数字技术创新驱动能力不强 ·································· 148
第四节　数字经济人才缺口较大 ·· 149
第五节　数字经济竞争力有待提升 ····································· 152
第六节　核心领域技术薄弱 ·· 154
第七节　数字经济与实体经济融合度不高 ···························· 157

第八章　河南省数字经济高质量发展策略 ································· 159
第一节　多举措促进河南省数字经济绿色平衡发展 ················ 159
第二节　夯实新型基础设施建设 ·· 161
第三节　增强数字经济创新发展能力 ·································· 163
第四节　培养高层次跨界融合性数字经济人才 ······················ 165
第五节　提升区域间数字经济竞争力 ·································· 168

第六节　加快数字经济核心技术攻关 …………………………………… 170
第七节　促进数字经济与实体经济融合发展 …………………………… 173
参考文献 ………………………………………………………………………… 178

第一章 数字经济相关概念界定

第一节 数字经济的内涵

随着20世纪40年代电子计算机的出现和电子信息技术的迅速发展,人们开始关注数字化对经济增长的巨大影响,并因此引发了第三次工业革命,也就是所谓的数字革命,这影响了接下来几十年的社会和经济变化。第三次产业革命是信息数字化,依托信息技术和互联网,提高经济运行效率、社会生产效率、合理配置资源的一种新的经济模式——数字经济。"数字经济"一词最早由加拿大学者唐·塔普斯科特于1995年提出。他认为,当时对数字经济的理解仍然停留在计算机和计算机网络领域,因为新经济以字节的形式存储在计算机中,在互联网上以光速使用二进制代码,所有的信息和传输都可以用0秒和1秒的数字来反映和完成。他将数字经济视为一个技术智能机器网络,将智能、知识和创新联系起来,以促进财富和社会发展方面的创造性突破。

目前,学术界对数字经济还没有明确而公认的定义,不同的机构和学者根据不同的经济和社会环境给出了不同的理解。近年来权威研究机构和学者对数字经济的定义总结如表1-1。

表1-1 数字经济概念界定

界定人/机构	界定时间	概念
经济合作与发展组织(OECD)	2014年	数字经济被视为一种广义的数字技术集群,从生态系统的角度来界定数字经济的范围是数字技术驱动的数字经济,在经济社会可持续生态系统领域的数字转型,生态系统至少包括大数据、物联网、人工智能和区链块。
美国经济分析局	2016年	一是与计算机网络运行相关的数字化基础设施,二是基于网络实现商业往来的电子商务业务,三是由数字经济使用者所创造和使用的数字媒体。

续 表

界定人/机构	界定时间	概念
G20杭州峰会《二十国集团数字经济发展与合作倡议》	2016年	以使用数字化的知识和信息作为关键生产要素、以现代信息网络作为重要载体、以信息通信技术的有效使用作为效率提升和经济结构优化的重要推动力的一系列经济活动。
曼彻斯特发展信息中心	2017年	第一，数字经济的核心是生产基础数字产品和服务的IT/ICT部门，包含软件制造业、信息服务业、数字内容产业等；第二，狭义的数字经济可以定义为经济产出当中完全或主要来源于以数字技术为基础的数字商品或服务；第三，广义的数字经济可以定义为信息通信技术在所有经济领域的使用，称为"数字化经济"。
中国信息化百人会《中国数字经济发展报告》	2018年	数字经济是全社会信息活动的经济总和。具体而言，数字经济是以数字化信息为关键资源，以信息网络为依托，通过信息通信技术与其他领域紧密融合，形成的基础型、融合型、效率型、新生型、福利型五个类型的数字经济。
中国信息通信研究院《中国数字经济发展白皮书》	2020年	以数字化的知识和信息作为关键生产要素以数字技术为核心驱动力，以现代信息网络为重要载体，通过数字技术与实体经济深度融合，不断提高数字化、网络化、智能化水平，加速重构经济发展与治理模式的新型经济形态。
北京大数据研究院《中国数字经济产业发展指数报告》	2021年	数字经济是以数字资源为关键生产要素，以数字技术创新为核心驱动力，以现代信息网络为重要载体的新型经济形态，深刻改变着传统行业发展，深度影响着政府治理模式，正在越来越多地受到社会各界的关注。在数字中国的战略背景下，提高数字经济发展水平，增强城市的经济实力，提升数字政府治理水平，已成为大势所趋和当务之急。
国务院《"十四五"数字经济发展规划》	2022年	数字经济是继农业经济、工业经济之后的主要经济形态，是以数据资源为关键要素，以现代信息网络为主要载体，以信息通信技术融合应用、全要素数字化转型为重要推动力，促进公平与效率更加统一的新经济形态。

我们一般认为，数字经济一般是指以数字化知识和信息为生产要素，以现代信息网络为重要载体，把有效利用信息通信技术作为提高效率、优化经济结构的重要动力。

"数字经济"中的"数字"一词至少有两种含义。一是随着数字技术发展，包括信息网络的不断发展，大数据、云计算、人工智能、链块、物联网、增强现实（AR）、虚拟现实（VR）、无人机、自动驾驶等信息技术将极大地提高生产力，拓展经济发展空间，产生新的经济形态，创造新的增量财富，同时促进传统产业转型升级，优化产业结构，从传统实体经济向新实体经济转型。

在这些数字技术中，人工智能的重要性越来越突出。智力将渗透到经济生活的每一个环节。与工业经济时代的新技术相比，数字经济时代的技术将解放人们的体力，新的数字经济将是"智能经济"。第二，数字数据，尤其是大数据，不仅是一种新的生产要素，也是一种新的消费品。大数据作为一种新的生产要素，不仅可以提高资本、劳动力等其他生产要素的使用效率和质量，更重要的是，它将改变整个生产功能，即经济活动的组织模式，通过平台加速资源重组，提高全要素生产率，促进经济增长。作为消费品，数字信息和知识，数字内容和数字产品已经形成了非常大的市场，成为新的财富载体。流媒体直播、短视频、数字音乐、新闻推送和其他行业都具有高度的创造力，并且发展迅速。从整体上看，"数字经济"包含了新的数字技术、新的处理过程和新的经济活动组织方式，也将带来新的经济效应。数字和数字技术将在整个经济活动中发挥巨大作用，优化整体经济结构，促进生产要素再分配，提高生产效率，促进经济增长。

今天，我们看到的数字经济的内容将包含两个部分或两个环节：一是传统产业的数字经济；第二，新兴的智能经济。前者代表现有的经济存量，是对现有经济活动和环节的优化；后者反映了新的经济增长，代表了未来经济发展的方向。事实上，现有研究将数字经济分为 1.0 和 2.0。前者反映了"互联网+"给整个社会经济带来的变化，优化了现有的经济活动，促进了股票经济的发展。后者意味着基于大数据、云计算和人工智能的数字经济智能化，带来的新的经济增长。

第二节 数字经济的框架界定

目前，众多研究机构与学者对于数字经济的内涵和分析框架都提出了不同的理解。例如，中国信通院的"四化"框架，中国信息化百人会总结的数字经济五个层次，赛迪智库提出的数字经济内涵的四个维度等。我们将其总结如下：

一、四层次框架:"核心-狭义-广义-数字社会"

经合组织对数字经济的定义是市场研究中被引用最多的框架之一。它从四个层面定义了数字经济的框架:"核心-狭义-广义-数字社会"。核心定义是指与指数内容、ICT 商品和数字服务相关的经济活动,主要包括与 ICT 产业相关的经济活动,如电子信息制造、信息通信、互联网产业和软件服务业。狭义上讲,它是指依赖数字投入的经济活动,主要包括数字媒体、电子商务、平台经济、共享经济、电子政务等使用数字工具的数字部门。广义上是指 GDP 生产边界内对数字投入有明显影响的经济活动,主要包括数字农业、数字产业、数字服务业等数字产业的经济活动规模。除上述范围外,数字社会还包括其他未计入 GDP 的数字交易和活动,如免费数字服务。

二、四化框架:"数字产业化-产业数字化-数字化治理-数据价值化"

以数据价值化为基础,以数字产业化和产业数字化为核心,以数字化治理为保障,构建"四个现代化"协调发展生态。这四个方面构成了生产力和生产关系的辩证统一。数字产业化是指为发展数字经济提供技术、产品、服务和解决方案的信息和通信产业,包括电子信息制造业、电信业、软件和信息技术服务业、互联网业。产业数字化是指数字技术在传统产业中的应用所带来的生产数量和效率的提高,其新产出构成了数字经济的重要组成部分。数字化治理是指利用数字技术,建立健全行政管理体制,创新服务监督、行政决策、行政执行、行政组织、行政监督等制度,使政府治理模式更加优化的新模式。数据价值化是指指数数据作为生产要素的价值培育,包括数据收集、权利确认、标注、定价、交易等诸多内容。

三、四维度框架:"数字基础-数字治理-数字产业-数字一体化"

数字经济的内涵可以从"数字基础、数字治理、数字产业和数字一体化"四个维度来理解。首先,数字基础设施以数据、计算能力和算法为中心,包括新的基础设施,如高要求的通信设施、数据中心、物联网数据采集设施和关键通用技术。第二,数字治理包括"互联网+政府服务"和基于政府大数据的决策支持,以及以智慧城市为代表的智慧城市建设和管理。第三,数字产业包括电子信息制造、软件和信息技术服务、互联网等,是数字经济的核心部分。第四,数字一体化是数字技术与传统产业的结合,是数字经济发展的重要应用场景和立足点。

四、"3+1"层次框架:"数字基础设施-数字化交易-数字化商业+虚拟经济"

数字经济的内涵共分为"3+1"四个层次。前三个层次自下而上是:数字基础设施,包括硬件、软件、通信技术、网络和人力资本;数字化交易,包括企业内部的在线销售和数字管理、本地数字交易活动;数字化商业,涵盖了从采购、生产、销售到分销的全过程的全网络电子商务活动。在这三个层次之上,是纯粹的数字虚拟商品和交易,包括社交网络和互联网搜索,是最顶层的"虚拟经济"。

五、五要素框架:"技术-产品/服务-市场-产业-政策"

数字经济的发展可以构建一个由技术、产品/服务、市场、产业和政策五个核心要素组成的系统分析框架。其中,技术要素是指信息技术的演进和模式创新,可以催生各种新形式的数字经济。产品/服务要素是指指数时代能够满足人们更高需求,从而反映消费升级的产品和服务;市场要素是指指数时代的企业在先动优势、维达多定律和马太效应的作用下成为寡头垄断的平台经济,具有典型的双边市场特征。指数时代的新问题和新需求促进了技术创新和新产品、新服务的发明,并最终发展和形成了新的产业。政策要素包括指数经济对人类弱点的利用、对传统模式的颠覆、数据安全和个人隐私的保护,所有这些都需要监督。

六、五层次框架:"基础-融合型-效率型-新兴型-福利型"

数字经济包括五个层次和类型。

(1)基础数字经济层以信息产业为主,包括电子信息制造业、信息通信业和软件服务业等。

(2)融合数字经济层是通过信息资本对传统产业的投入形成的,主要体现在信息通信技术不断融入传统产业的生产、销售、流通、服务等环节,形成新的生产组织模式,带来更多产出。

(3)以效率为导向的数字经济层是指信息和通信技术带来的全要素生产率提高所增加的经济总量的一部分。

(4)新兴数字经济层是指信息通信技术与传统技术的融合,不断催生新技术、新产品、新模式,形成充满创新活力和发展潜力的新产业。

(5)福利数字经济层是指信息通信技术在经济社会领域的普及和推广所带来的积极的社会外部效应,包括社会信任度、公共安全度和社会参与度等潜在社会福利的提高。

目前阶段，我国经济处在改变成长方式、改进经济整体内部结构、改变增加动力的关键阶段。这样的前提下，数字经济作为成长速度最快、创新积极度最高、辐射面积最大的经济活动，已然慢慢成为经济成长的全新动力。数字经济在和历史性产业相互融合改进的整体活动中，已经呈现了它在推进产业整体结构改变，牵动经济改进成长问题上的最强动能。

伴随信息技术的更进一步的成长，信息面临的传输与外界交流问题都相继突破了以往对它们的限制，信息能够成功地获取、应用与共同分享具有方便快捷的特质，我们的星球已经被缩小成一个地球村，然而这恰恰是数字经济所需求的。与此同时，数字经济同样重点关注如何对海量信息实施剖析，以及侧面地帮助决策。所具备的特别性质使数字经济在产业整体结构转变过程中产生了绝对关键的作用。

第三节 数字经济的特征

作为一种新的经济形态，数字经济呈现出有别于传统工业经济的独有特征，其主要体现在以下几个方面。

一、数据成为驱动经济发展的关键生产要素

随着移动互联网和物联网蓬勃发展，人与人、人与物、物与物之间的互联已经实现，数据量激增。全球数据增长遵循摩尔大数据定律，大约每两年翻一番。对海量数据处理和应用的需求催生了大数据的概念，数据正日益成为重要的战略资产。数据资源将是企业的核心力量，谁掌握了数据，谁就拥有优势。各国也是如此。根据美国政府的说法，大数据是"未来的新石油"，"数字经济中的货币"，以及"除了陆、海、空力量之外的另一种核心国家资产"。与农业时代的土地和劳动力、工业时代的技术和资本一样，数据已经成为数字经济时代的一种生产要素，是最关键的生产要素。数据驱动创新正扩展到科技研发、经济和社会领域，已成为国家创新发展的关键形式和重要方向。

二、数字基础设施成为新型基础设施

在工业经济中，经济活动建立在以"铁路公共汽车"（铁路、公路和机场）为代表的有形基础设施上。随着数字技术的到来，网络和云计算已经成为必要的

信息基础设施。随着数字经济的发展，数字基础设施的概念越来越广泛，不仅包括宽带、无线网络等信息基础设施，还包括对传统物理基础设施的数字化改造，如安装了传感器的水管、数字停车系统，这两类基础设施共同为数字经济的发展提供了必要的基础条件，推动了工业时代以"砖混"为代表的基础设施向数字时代以"轻芯片"为代表的基础设施的转变。

三、数字素养成为对劳动者和消费者的新要求

农业经济和工业经济中，大多数消费者对文化素养没有要求；虽然对工人的文化素养有一定的要求，但通常仅限于某些职业和岗位。然而，在数字经济条件下，数字素养已成为劳动者和消费者的重要能力。

随着数字技术渗透到各个领域，劳动者越来越需要具备数字技能和专业技能的双重技能。然而，数字人才的短缺是普遍存在的，40%的公司表示，他们很难找到所需的数据人才。因此，高数字素养已成为工人在就业市场取得成功的重要因素。对于消费者来说，如果他们没有基本的数字素养，他们将无法正确使用数字产品和服务，并在数字时代成为"文盲"。

因此，数字素养是数字时代的一项基本人权，它和听、说、读、写一样重要。提高数字素养有利于数字化消费和数字化生产，是数字经济发展的关键要素和重要基础。

四、供给和需求的界限日益模糊

传统的经济活动严格分为供给侧和需求侧，经济活动的供给侧和需求侧之间的界限非常明确。然而，随着数字经济的发展，供给侧和需求侧之间的边界越来越模糊，它们逐渐成了生产者和消费者的统一体。

在供应方面，新技术在许多行业中都充分考虑用户需求，在提供产品和服务的过程中，不仅创造了满足现有需求的新途径，而且改变了产业价值链。例如，许多企业利用大数据技术挖掘用户需求、设计产品、开发电影和书籍，甚至借助3D打印技术实现完全个性化的设计和生产。公共服务也是如此。政府倾听民意，掌握经济社会数据，科学决策，有针对性地采取措施。反过来，需求方面也发生了重大变化，透明度的提高、消费者参与和新的消费模式迫使企业改变设计、推广和交付的方式。

五、人类社会、网络世界和物理世界日益融合

随着数字技术的发展，网络世界不再仅仅是物理世界的虚拟形象，而是人类

社会的新世界，人类新的生存空间。同时，数字技术与物理世界的融合也使现实物理世界的发展速度接近网络世界，人类社会的发展速度成倍增长。网络世界与物理世界的融合主要通过信息系统与物理系统的融合来实现——信息物理系统（CPS）。信息物理系统是将计算领域与传感器和执行器相结合的综合控制系统，包括普适环境感知、嵌入式系统、网络通信和网络控制系统工程。我们周围的各种物体都具有计算、通信、精确控制、远程协作和自组织功能，能使计算能力与物理系统紧密结合和协调。

在此基础上，随着人工智能、虚拟现实（VR）、增强现实（AR）等技术的发展，"网络物理人系统"（CPHS）出现，改变了人类与物理世界的互动方式，其更加强调人机交互，强调人与机器的有机合作。信息物理系统促使物理世界、网络世界和人类社会之间的界限逐渐消失，形成一个相互关联的新世界。

第四节 数字经济发展历程

如果我们把视角延伸到整个人类历史时期，我们可以大致将主导世界增长的经济阶段划分为农业、工业和数字经济。经济形态的分化主要取决于以下三个因素：生产要素、核心动力和载体形式。农业经济的生产要素是土地和劳动力，核心动力是农业技术，载体形式是农具和家畜驯化。工业经济的生产要素更加丰富，除了劳动力和土地，它还增加了资源和资本，核心驱动力是工业技术，载体形式是机器和工厂。除了劳动力、土地、资源和资本，数字经济（早期称为"信息经济"）的生产要素也添加了信息数据。其核心动力是信息通信技术，载体形式是互联网、计算机以及由此形成的现代信息网络。

广义的数字经济发展久远，可以追溯到20世纪40年代电子计算机的诞生，后面又经历了电脑时代、互联网时代、移动互联时代，2016年以后，开启了全面数字经济时代，具体来说，包括以下几个阶段：

一、电子计算机诞生（20世纪40年代至60年代）

电子计算机的诞生标志着数字经济时代正式开始。早期计算机的硬件从电子管到晶体管再到集成电路，软件从机器和汇编语言发展到标准化编程语言和人机对话基础。总的来说，电子计算机在这个阶段已经发展到体积缩小、价格降低和计算速度提高。

二、个人电脑时代（20世纪70年代中期至90年代中期）

大规模集成电路的出现进一步缩小了电子计算机的体积，个人计算机（PC）的出现使计算机开始进入中小企业和居民的生活，并广泛应用于商业领域。在这一时期，个人计算机硬件向便携式发展，半导体芯片领域发展迅速，软件在编程语言、操作系统、数据库等方面有了许多创新。

三、PC互联网时代（20世纪90年代中期至21世纪初）

随着个人电脑和互联网技术的发展，互联网经济开始起飞。从1969年美国国防部建立ARPANET开始，它逐渐形成了NSFnet和万维网等骨干网络。直到1993年，美国克林顿政府启动了"信息高速公路"战略，标志着计算机网络进入了信息高速公路的发展阶段。网络浏览器、搜索服务、电子商务、网络硬件等领域突破性创新发展，今天的许多互联网巨头也从这个时候开始。然而，由于个人电脑速度、存储规模和网络速度等客观因素限制，当时许多商业模式没有得到有效支持，最终导致2000年互联网泡沫破裂。

四、移动互联网时代（21世纪初至2015年左右）

移动通信技术的进步和智能手机的出现，使以移动互联网为形式的网络经济再次复苏。随着移动通信技术从3G迅速升级到4G，以iPhone为代表的智能手机取代传统手机，互联网企业的平台化趋势越来越明显，共享经济模式引起了广泛关注。云计算于2006年被首次提出，并开始引领IT技术的发展趋势。

五、全面数字经济时代（2016年至今）

作为信息技术的关键基础，以集成电路为核心的微电子技术在制造过程中正在接近物理极限。传统的摩尔定律即将终结，数字经济开始向物联网、云计算、大数据、人工智能等方向发展。2005年，国际电信联盟提出了物联网的概念。2016年，云计算进入全面爆发阶段，全球云服务市场规模迅速扩大。大数据于2008年被正式提出，已广泛应用于政府决策、交通运输、物流、金融、电子商务、广告等领域。人工智能近年来发展迅速，涵盖了手机、平板电脑和电脑、机器人、虚拟现实、可穿戴设备、智能家居和智能城市等诸多领域。此外，区块链、平台经济等新的商业形式也出现了。

第五节　数字经济评价指标体系

国务院印发的《"十四五"数字经济发展规划》中指出，"十三五"期间，中国全面实施数字经济发展战略，不断完善数字基础设施，加快培育新型业态和模式，推进数字产业化和产业数字化取得积极成果（见表1-2）。2020年，中国数字经济核心产业增加值占GDP的7.8%，为经济社会持续健康发展提供了强大动力。预计到2025年，数字经济进入全面扩张阶段，数字核心经济产业增加值占GDP比重将达到10%，引领数字创新能力提升，智能化水平显著提升，取得显著成绩，数字技术与实体经济融合，数字经济管理体制更加完善，我国数字经济的竞争力和影响力稳步提高。到2035年，数字经济将进入繁荣和成熟阶段，努力形成统一、公平、竞争、成熟的现代数字经济市场体系。数字经济的发展基础和产业体系将位居世界前列。

表1-2　"十四五"数字经济发展主要指标

序号	指标	核算单位	属性
1	数字经济核心产业增加值占GDP比重	%	预期性
2	IPv 6活跃用户数	亿户	预期性
3	千兆宽带用户数	万户	预期性
4	软件和信息技术服务业规模	万亿元	预期性
5	工业互联网平台应用普及率	%	预期性
6	全国网上零售额	万亿元	预期性
7	电子商务交易规模	万亿元	预期性
8	在线政务服务实名用户规模	亿	预期性

（资料来源：国务院《"十四五"数字经济发展规划》）

根据《"十四五"数字经济发展规划》，并结合其他相关资料，本书将数字经济的发展情况概括为以下四个方面：新型基础设施建设情况；产业数字化和数字产业化；数字政府及数字治理情况；数字经济国际合作（跨境电商）情况，以上将在后文分别结合河南省的具体情况展开论述。

第二章　河南省发展数字经济的必要性

第一节　新冠肺炎疫情下数字经济的发展机遇

一、线上服务需求激增

受新冠肺炎疫情影响,近年来实体经济受到巨大冲击,但是数字经济却蒸蒸日上,河南大部分居民更倾向于线上服务。网络游戏、电子商务、知识支付、远程办公、在线教育、在线诊断和治疗、数字娱乐和其他行业的需求和行业收入都出现了激增。例如,中国电信的天翼云教室每天为超过 1 000 万的中小学生提供在线课堂服务。钉钉、腾讯会议和华为等办公软件都出现了爆炸性增长。春节期间,WeLink 商务流量增加了 50 倍。当然,当疫情结束时,一些在线服务将恢复离线,但对在线服务的新需求不会消失。根据麦肯锡的计算,大流行期间,每增加一个单位的在线消费,就有 61% 的需求是替换,39% 是新需求,这意味着 40% 的新在线消费将持续很长时间。网络服务需求的激增为新型网络服务的发展带来了机遇,并有望成为未来数字经济发展的新动力和引擎。

二、公共卫生领域智能化加速

疫情暴发暴露了公共卫生设施投资不足,但也反映了数字化、网络化和智能化防治设施的低程度。例如,样本装载、核酸提取等高危临床检测环节,人工、自动化、智能化仪器设备极度匮乏,影响检测的一致性和效率,导致诊断时间延误,增加检测人员感染的风险。2020 年 3 月 1 日,《求是》杂志出版了《全面提高依法防控行政能力国家公共卫生应急管理体系》,习近平总书记指出,为了更好发挥大数据、人工智能、云计算等数字技术在疫情监测分析、病毒源、治疗、防控资源配置等方面的支持作用,我们将提高重大疫情防控能力,公共卫生防控、医疗临床检测、个人健康服务等领域的智能化步伐将明显加快。

三、企业数字化转型加快

疫情期间,采用智能制造、网络化协同制造、面向服务制造等"互联网+协同制造"模式的企业受到的影响相对较小。如宝钢宝山基地利用远程操作维护技术，使冷轧热镀锌智能车间连续24小时运行。同时，疫情使企业充分认识到机器人、柔性制造系统、工业互联网等数字化生产设施的重要性，加快了建设和布局。例如，在疫情期间，京东在中国20多个城市推出了物流配送机器人，并通过无人机交付了3.5万次航班。未来，企业研发、设计、生产制造、营销、采购的数字化转型将显著加快，产业数字化发展将迎来重要窗口期。

四、政府治理智慧化提速

受疫情影响，各级政府、社会和公众对数字化治理的需求和期待越来越高，这使得一些网络化、智能化的平台加快了政府治理的步伐，如"云到法院"、甘肃省、杭州市"疫情防控"APP、合肥莲花街微珠"社区"、深圳福田"平台"防疫物资登记调度等。同时，这些疫情下的"异常"治理也客观上推动了政府治理模式的改革，加快了智能政府治理的进程，且不会随着疫情的结束而结束，其将继续巩固政府的正常治理，更好地促进国家治理体系和治理能力现代化。

第二节 我国数字经济发展环境优渥

一、数字经济构筑经济增长关键支撑

中国数字经济在疫情中的崛起。从2005年的2.6万亿元扩大到39.2万亿元，随着新一轮科技革命和产业变革不断推进，数字经济已成为最具活力、创新性和广泛性的经济形态，成为国民经济的核心增长极之一。

数字经济有效稳定了疫情冲击下的经济下行趋势。当今世界仍处于受经济危机影响的深度调整期，经济面临着巨大的下行压力，加之疫情的影响，世界经济陷入了二战以来最严重的衰退。在全球经济增长疲软甚至经济衰退的背景下，数字经济却能继续保持快速增长。从2016年到2018年，数字经济保持着稳定的增长，从15.8%上升到20.9%，进入2019年后，受经济危机和新冠疫情双重打击，数字经济虽然增速下降，但是到2020年，仍然有将近10%的增加速度，而同期我国GDP只有3%，中间差了6.7%。这说明数字经济已成为国民经济持续稳定增长的关键支撑，在疫情防治和经济社会发展中发挥着不可替代的重要作用。

三大产业数字化进一步推进。这场百年一遇的公共卫生危机带来了变革的机会。面对疫情，在线办公、在线教育、在线视频等数字化新业态、新模式如雨后春笋般涌现。一大批企业正在利用大数据和工业互联网加强供需精准对接、高效生产和协同。从2016年到2020年，我国三大产业的数字经济渗透率逐年提高，其中，第一产业从6.2%提高到8.9%，第二产业从16.8%提高到21.0%，第三产业从29.6%提高到40.7%。

三、数字经济结构持续优化升级

产业数字化在数字经济内部结构中的领先地位得到了进一步的巩固。在疫情暴发的背景下，数字经济的作用更为突出。一方面，数字工业化的力度进一步加强，数字技术的新形式相继出现，大量大数据、云计算和人工智能企业不断创新发展，工业生产体系日益完善，完成并延伸到全球产业链的中高端领域。2020年，数字化工业化规模达到7.5万亿元，占GDP的7.3%，同比增长5.3%；数字经济所占的比例从2015年的25.7%下降到2020年的19.1%。另一方面，产业数字化的深入发展带来了新的机遇，电子商务、平台经济、共享经济等新的数字模式出现，服务业数字化升级前景广阔，工业互联网和智能制造业全面加快，产业数字化转型孕育了广阔的增长空间。

第三节　助力县域经济，平衡河南省经济发展

河南省作为重要的粮食作物生产大省，人口众多，总人口约10 952万，土地面积占比90.7%。河南省有105个县，其中83个县和22个县级市，县域经济是河南国民经济的重要组成部分，也是河南省经济发展的基石。目前，河南省全县经济总产值334 595.1亿元，占全省经济总量的61.74%。整个县域经济支撑了河南省的核心经济，河南的经济发展与县域经济密不可分。

统筹城乡发展，关键环节在县城；推进"三化"协调，坚实根基在县城；全面建成小康，重点难点在县城；实现"中原梦"，光荣使命在县城。在经济新常态发展下，在乡村振兴、精准扶贫的政策引领下，县域经济面临着新机遇；在新冠疫情的影响下，县域经济同样面临着挑战。县域经济是宏微观经济的结合部位，也是农村、城镇经济的链接，是河南省全面脱贫攻坚的主阵地。河南省县域经济发展已有了一定的成效，但是存在整体发展水平不高、产业结构不合理、发展不平衡、呈现两极化等问题，加快县域经济高质量发展，创新县域经济发展路径迫在眉睫。河南县域经济需要立足县情，选择有效的发展路径，壮大农村经济，为推动河南省经济发展做出重要贡献。

一、河南省县域经济发展现状

（一）农业占据重要地位

河南省地处中原，位于黄河中下游，东西长约 580 公里，南北跨约 550 公里，总人口达 10 952 万人，全省面积 16.7 万平方公里，处于我国第二阶梯向第三阶梯的过渡地带，四季分明。河南省共有 18 地市，105 个县（市），一半以上地处中原地区，其次是丘陵地区，山区数量最少。地理和自然条件上，处于温带和亚热带地区，平原地区面积较广，拥有矿产资源丰富，有利于工农业的发展。交通上，四通八达，兼具陆运和空运。文化上，九州之心、文明之源，是中国重要的省份之一。

河南省是一个农业大省，农村人口众多，农业资源丰富，农村劳动力丰富，为农业产业的发展提供了得天独厚的条件。河南是我国粮食生产的核心地区，许多县（市）都是全国农作物产量县，在全国农业发展中发挥着重要作用，农业在河南县域经济体系中一直发挥着重要作用。各地围绕增加农业产量、增加农民收入、增强农产品竞争力，积极探索现代产业理念，运用先进技术、方法和科技成果，建设现代农业。一方面，农业始终保持其基础地位。近年来，国家支农惠农政策不断完善，县（市）对农业的投入逐年增加，有利于调动农民的生产积极性，改善农业生产条件，为农产品收获奠定物质基础。河南省粮食产量已连续多年超过 5 000 万吨，为国家粮食储备做出了巨大贡献。另一方面，随着农业产业化的进一步发展，各县（市）利用自身的资源禀赋、人力资源优势和地理位置，向产业化方向发展粮油果品等农产品，扶持龙头企业，带动其他产品，把各地区的资源优势转化为经济增长。

（二）产业集聚发展

河南省工业发展的关键是引导企业进入工业园区，促进工业集聚发展，利用规模效应和集聚效应，确保县域工业化发展。引领产业集聚，县（市）通过规划将河南省产业集聚发展纳入经济规划，给予优惠政策，引导县域项目、企业和产业向产业集聚园区发展，完善产业园区基础设施和专业协作，产业链的产业发展，形成了集群经济和块状经济，促进了产业集中型的稳步发展。河南省 2020 年统计年鉴数据显示，2019 年县域生产总值呈现两极分化现象，差距较大，不平衡、不协调，部分县域经济发展差距有拉大的趋势。河南省县域生产总值 33

499.51 亿元，同比增长 4.95%。其中，第一产业 4 020.9 亿元，增长 8.33%；第二产业 15 305.62 亿元，降低 0.67%；第三产业 14 172.88 亿元，增长 13.38%，三大产业结构为 12.72 : 48.40 : 44.82，河南省县域经济发展主要依赖于工业。相比 2018 年，第三产业生产总值占河南省县域生产总值的比重进一步增长，产业结构逐步优化。

（三）县域城镇化建设相对落后

县域经济是城市经济和农村经济之间的纽带。县（市）、乡镇也是河南城镇化建设不容忽视的重要阵地。一些县（市）依托周边中心城市或大城市的辐射效应，借助城市房地产业的高速发展，城镇化建设取得了较大发展。与中心城市周边的县（市）相比，河南省其他县（市）及小城镇的建设和发展的关注度和资本投入不足，导致这些区域在基础设施、公共服务、吸纳农业转移人口和支持农村经济发展方面难以发挥作用。

河南省 105 个县（市），城镇居民可支配收入在 1.4~3.1 万元之间，49% 的县（市）居民可支配收入高于 2 万，城镇居民可支配收入有所提高。河南省县（市）平均农村居民人均可支配收入与城镇的收入差距为 1.54 万元，同比增长 10.79%，城乡差距进一步拉大。城镇居民可支配收入与城镇化率之间有明显的正相关关系，城镇化已成为县域经济高质量发展的重要依托，河南省城镇化率存在较大的提升空间。

（四）区域内经济发展不平衡

与经济发展较好省份相比，河南省的经济发展总体水平相对较低。即使将省内各县相比，其差异也很明显。2019 年新郑市全年生产总值达 1 273.66 亿元，是安阳县 92.05 亿元的 13.84 倍，安阳县排名倒数第一。2019 年，省会郑州市辖下的六个县市全年的 GDP 为 4 957.94 亿元，是焦作市的 2.46 倍，平顶山市 3.30 倍，这些地域差异的来源除了产业结构和资源数量上的差异外，地理位置和政策上的差异也有所影响。

二、河南省县域经济发展模式

（一）农业产业化推进型

农业作为第一产业，在县域经济中起基础性作用。农业产业化推进型第一产业在社会生产总值中占比为30%~40%,而河南省作为农业大省,发展历史久远,近年来传统的农业大县,如潢川县、汤阴县、正阳县等,积极探索现代农业的新路径,实施农产品标准化、产业化,创造具有地方特色的农业发展之路。商丘市以"一县一品"特色农产品为突破口,为农业扶贫产业提供气象科技支撑,帮助农民实现丰收、脱贫致富、走向美好未来。例如,被称为"中国三大樱桃辣椒之乡"的柘城,辣椒种植面积近40万亩,每亩产量650磅。是全县的主要经济作物,也是农民脱贫增收的主要渠道。

(二)工业强县型

工业强县以第二产业为主导,以工业为主要经济发展模式。工业GDP占社会GDP的比重高达65%以上,第二产业从业人员达到48%以上。一些县市依靠大城市的辐射,依托地理优势,借助产业基础和中心城市资源积累,进入县(市)产业、资金、人力、科技等产业发展,推动县域经济发展的速度和质量。以工业为主的县市有巩义、新郑、辉县、沁阳等。其中巩义市的发展长久以来以工业为主,一二三产业生产总值比重为1.49:58.78:39.73。巩义市历史悠久,地处豫西,东有虎牢关,西有黑石关,自古为兵家必争之地。巩义市工业发展的演变过程,商周阙巩之甲、荣锜弓箭、汉代铁生沟冶铁、唐代巩县白瓷、宋代巩县宋三彩、明代桃花峪银矿、清代沿河造船、民国以兵工厂为主。从20世纪90年代回郭镇工业走上转型发展的道路,到目前的高质量发展。巩义市按照主攻二产、突破三产、优化一产的思路,把工业转型升级作为主攻方向,打造支柱行业和产业。

(三)产业集聚型

目前经济发展处于常态化,产业集聚是区域经济发展的有效突破口。产业一体化的模式适合于具有特定产业基础的城市,基于辐射效果,优势互补,能够获得集群效应。长垣、长葛、濮阳、禹城等地区结合当地实际,将产业聚齐,向产业集群模式发展,发挥边际效应。以长垣县为例,从历史上看,长垣一直是传统的农业区,兼具小型工业,经济较为贫困。从"零资源"逐步发展,其将产业资本要素不断汇集,高度集中,走上了经济发展的道路,目前已成为河南省经济发展的先锋。2019年,该县生产总值达到469.32亿元人民币,占河南省县域经济生产总值的1.40%,其总数在河南省县域经济中排名第12,在新乡8个城市中排名第一,超过了卫辉市和辉县市。第三产业生产总值为167.62,在新乡八个县

(市) 中排名第一。目前, 长垣经济发展依靠起重机械、卫生设备、建筑设计、营销等六大产业, 以起重机械为主导, 带动其他产业。中小吨位起重机市场份额占据了全国市场的半壁江山, 产业要素累计, 产业集聚呈现递增效应, 促进了当地经济的增长。

(四) 劳务经济型

劳动经济发展模式也是促进河南省县域经济发展常见的一种形式, 以劳动力输出和劳务经济发展为主, 适用于资源匮乏、经济落后但人口众多的地区, 更具实效性。河南属于劳动力密集的省份, 人口稠密, 新县、固始、淮阳等县是河南省劳务经济发展的典型代表。新县处于多山的森林地带, 适宜农耕区域较少, 人均农耕不到 6 分, 富余农民达 80 000 余名。基于以上事实, 新县将劳务经济特别是对外输出劳务的发展视为新县经济增长的突破口, 鼓励农民向外发展, 离开山区走向其他地市或国家赚取货币。新县劳务输出始于 1984 年, 直到 1994 年开始对向国外派遣劳动力。目前新县劳动力遍布美国、英国、新加坡和泰国等 30 多个国家和地区, 是河南省第一个以劳务经济为主的县 (市), 其外汇收入和外汇存款占新县收入较大比重。2019 年, 全县生产总值为 163.05 亿元, 居民人均可支配收入为 20 669 元, 居信阳市第二, 仅次于潢川, 成为新县发展经济的重要支柱产业。

三、基于数字经济的河南省县域经济发展对策

(一) 打破对工业发展道路的依赖

一是解放思想, 突破原有的产业发展模式。积极转变发展方式, 淘汰能耗高、污染重、综合效益低的产能, 减少产能过剩, 选择适合当地特色发展的产业模式, 逐步发展生态农业和生态旅游。从县域实际出发, 发展具有比较优势的产业, 错位发展, 树立县 (市) 特色品牌, 从而促进县域产业转型升级。同时, 借助郑州作为国家中心城市的辐射力, 在产业布局上与郑州及其周边城市新乡、开封、洛阳相连, 提供高质量的现代服务和生产设施, 完善附加功能。二是优化产业发展环境, 实现产业转型升级。加大对县域产业发展的政策支持力度, 根据产业、类别、效益等给予不同的支持, 提高产业智能制造力, 促进企业上市, 培养高端人才, 促进产业向绿色转型, 向智能化发展。第三, 改善出口结构, 提高外贸产品质量, 向高端产品倾斜。充分利用河南农产品加工"三品一标", 严格

执行生产标准，努力打造高端农产品品牌，提升"河南制造"在全球产业链中的地位。

（二）优化产业结构

按照因地制宜、协调发展的原则，优化产业结构。产业结构优化不是机械照搬成功的案例，而是要将人文地理优势与县域特色相结合。目前，国民经济已进入高质量发展阶段，经济增长明显放缓，并将持续一段时间。改变以往县域经济发展对 GDP 提升的单一标准，不再追求排名模式，追求速度，可以把更多的时间和精力投入高质量的经济发展，改善农业县域发展条件，选择合适的主导产业，依托其他产业的主导产业推进产业结构转型，优化产业发展，优化河南省县域经济结构。

（三）加快技术创新要素集聚

自主创新能力是县域经济转型发展和经济增长的重要起点，要加快科技资源整合，要加快创新要素集聚。一是积极打造创新文化，打造技术平台，加快创新要素积累。继续推进创新驱动发展，建设创新型城市，鼓励大众创业创新，鼓励社会各界参与大众创业创新。进一步对接国家创新示范区，支持企业设立研发部门，开展产学研协同创新、资源整合，促进制造业发展。二是建立培训部门，开展职业技能教育和综合培训，与企业合作培养技术工人或专业人才，提高创新者的创新活力。三是促进资金和人才回流，创新人才引进机制。提供政策支持，引导创业者回国发展、项目搬迁和资金返还；落实人才引进政策，给予人才补贴，建立专项人才引进政策，吸引高级专业技术人才，为县域经济发展提供保障。

（四）加快产城融合发展

推进产业集聚区县基础设施服务建设，促进人口集聚、产业集聚和县域经济发展的良性循环，促进产业转型升级，提高城市发展水平。一方面，省、市继续搭建产业集聚平台，根据县区产业发展条件和资源因素，承接中心城市和发达地区的产业转移项目，注重有动力的项目。培育地方特色主导产业，延伸产业链，完善配套产业。根据中心城市产业发展战略，参与郑州中心城市发展的县（市）应进行互补错位的产业布局，并将配套的相关产业纳入发展规划。传统农业县域经济的发展充分挖掘当地资源，结合农业发展特点，借助内生产业推动产业向产业集聚区发展。另一方面，转变和发展县域经济，发挥第三产业的作用，打造商务中心商务圈和特色，培育集餐饮、购物、休闲、文化、旅游于一体的城市经济和生活服务，合理改善金融等服务业，提供保险、咨询、租赁、教育、卫生、文化体育等。

（五）改善县级营商环境

为了构建金融体系，在县（市）建立了不同类型的银行和其他金融机构，从城区延伸到村镇，可以发挥商业银行和小额信贷机构的作用。政府要鼓励金融机构增加信贷，帮助中小企业解决资金链问题，促进中小企业发展，如设立"中小企业救助基金"和"中小企业信用补偿基金"。研究推广宅基地和农村住房抵押贷款政策，解决农民贷款抵押物不足和融资困难的问题。第二，营造良好的商业氛围。为每个人创造创业的商业环境，积极提高营销意识，为商业活动提供全方位服务，建立新的政治和商业关系。三是推进权力下放、监管完善、服务完善改革。鼓励企业探索改革新路子，科学建制，积极推进事业单位改革。精简政府服务审批，创新服务方式，为人民群众提供一站式服务。同时，继续完善网上"智慧政务"平台，提高政务工作效率。建立中小企业服务平台，为企业项目提供指导；建立社会信用体系建设，促进企业良性竞争，避免不正当竞争，保护生产者的合法权益。

四、小结

以河南省105个县（市）为研究对象，分析县域经济的特征，梳理国内外文献，在新古典区域均衡发展理论、倒U形假说理论、大推进理论的基础上研究河南省县域经济发展现状，河南省县域经济主要以农业发展为主、产业呈现集聚发展趋势，产业结构不合理、城镇化水平不高以及区域经济发展不平衡。此外，对河南省县域经济发展模式进行探讨，将河南省县域经济发展模式大体上分为四类：农业产业化推进型、工业强县型、产业集聚型和劳务经济型。

根据企业人文地理和产业特色，基于县域经济发展实际情况，结合数字经济提出促进河南省县域经济发展的对策，打破产业发展路径依赖，优化产业结构，加快科技创新要素集聚，加快产城融合发展，优化县域营商环境。

第四节 有利于郑州创新型城市建设

一、郑州市创新型城市建设基础条件

郑州市紧抓建设国家创新型试点城市这个时机，积极引进人才，留住人才，培养人才，以人才作为强市的战略，作为构建创新体系的发动机，从而加快建设创新型郑州。郑州结合自身具备的优势，考虑实际情况，在进行创新型城市建设规划进程当中，把创新能力的提升作为发展的核心要务，同时借鉴成功实践经验创新与改善自身发展的理念，从而加快城市各方面创新发展，增加城市综合实力。

（一）政策保障

为实现创新型城市的顺利创建，郑州市实行相应的政策，并提出五大任务、八大工程，以及五个方面的保障措施。此外，郑州市十分重视优秀人才的引进，专门制定人才发展规划，着力培养科技创新型人才，为创新型城市的建设添加动力。郑州市重视科技人才队伍的建设，提倡建设创新型团队，让领军人才引领创新团队，开展创新活动。事实上，企业要在竞争中站稳脚步，人才是重要的影响因素，基于此，郑州市政府将创建创新型城市作为发展目标，结合市场需求，着力加速培养高层次人才，实施博士等高层次人次引进聚集工程计划，开展各类人才素质培训，同时结合自身实际情况制定商都杰出人才等管理办法，从海内外引进高层次相关人才，加强产学研合作，并从税收、住房以及子女教育等多方面开展支持政策，从而切实为郑州市创新型城市的建设提供充足的保障。

（二）资金支持

充足的资金支持是开展创新型城市建设的重要保障，也是建设创新型城市的后备力量。郑州市在建设创新型城市的过程中，关注企业发展，尤其是科技型企业的发展，为科技型企业提供资金力量，使其有效发展，同时设立科技型企业相应创新基金，对科技型企业发展提供企业的帮助，此外，郑州市还积极从各个方面帮助企业筹集资金，缓解企业资金压力。

人才是企业更是城市发展的核心要素，郑州市关注人才培养与引进，加大人才培养与引进的资金投入，切实保障人才、教育方面的资金投入，使相应财政支出的增长率高于收入增长率。此外，重视人力资源相关项目的顺利实施，出台相关政策制度，真正保障人才发展的资金。

创新型城市的建设需要多方面协作，在投融体系建设方面，郑州市也给予了关注，形成有效的多方合作制度，形成投融资的保证金，同时与相关银行合作，切实为企业提供支持，建立投融资平台，并建立起政府引导的多机构合作的多元有效投融资系统。首先，设置财政性质的针对科技投入的平稳的体系，相关政府面向科技，不断扩增相关资金支持，切实保证科技的发展，并制定相关重要的专项。其次，鼓励各大企业重视科技创新，制定企业科技项目补助政策，引导企业积极开展科技创新。最后，对于重要重大的科技产业项目等建立资金投入机制，制定特殊的照顾，以及相关信贷政策支持，对中小企业融资难的问题给予支持与帮助，优化相关信用担保制度，健全创业投资风险体系。

（三）社会参与

协调合作是成功的前提，创新型城市的构建需要多方合作，例如政府和企业，因此，为加快创新型城市的顺利建设，郑州市政府切实发挥相关各方的积极性、主动性，引导并鼓励社会加入创新型城市的建设当中。对于资金，一方面郑州市政府大力投入创新资金，另一方面对社会组织与相关企业合力创设的人才发展基金给予扶持，大力引导其充分发挥积极效用。同时重点关注社会、企业以及人才培养等，并切实制定相关优惠照顾政策扶持其有效发展。除加大资金投入之外，着力提高资金使用的效率，使资金发挥真正的作用，体现其价值，并通过建立相关评价体系，优化并提升人才使用管理。对于人才，重视科技人才的选拔、培养与引进，以满足社会需求为前提与目标，制定高科技重点领域人才发展规划，召开人才引进会，对于重点紧缺人才给予重点扶持，实施多项措施，引进所需高科技高端人才。并且政府支持相关企业以及高校引进人才，给予政策倾斜，实现相关人才集聚，而企业与高校也与相关人才培养基地开展合作，进行高层次人才的培养，并建立科研工作站以及相关研究中心，为科技创新以及项目研究提供平台。

二、郑州市创新型城市建设现状及制约因素分析

（一）郑州市创新型城市建设现状

自郑州市被确定为国家创新型试点城市以来，郑州市领导进行了创新发展的

战略部署，重点关注科技创新、城市管理、文化建设管理、产业管理等方面，以此为契机与开端，着力推动构建创新型城市，实现郑州市新的发展。

1. 产业结构有效调整

随着经济发展，郑州市实现了产业结构的改变，改变了以往第二产业第一、第三产业第二、第一产业第三的现状，并且第三产业的比重有所上升，为创新型城市建设奠定了坚实的基础，也体现郑州市在建设创新型城市方面加大了力度，创新型城市建设有了一定的效果。

表2-1 郑州市三大产业结构　　　　　　　　　　（单位:%）

年份	第一产业	第二产业	第三产业
2010	3.1	54.5	42.4
2011	2.6	55.2	42.2
2012	2.5	53.2	44.3
2013	2.3	52.1	45.6
2014	2.2	51.4	46.4
2015	2.1	49.3	48.6
2016	1.9	46.8	51.3
2017	1.7	44.4	53.9
2018	1.4	10.6	58.0
2019	1.2	39.8	59.0
2020	1.3	39.7	59.0

（资料来源：郑州市统计局）

2. 加大创新投入

从资金、制度、政策等多方面，郑州市持续对创新型城市建设工作加大关注，并加大投入。特别是科技创新方面，近几年郑州市R＆D经费支出增长率维持较高的数值，2020年全市共投入研究与试验发展（R＆D）经费276.7亿元，较上年增长16.9%，研发经费投入强度达2.31%，较上年提高0.27个百分点，为郑州"十四五"科技创新奠定了基础。此外，郑州市从加强组织领导、建立工作机制、强化过程督导、建立工作目标考核机制方面为郑州市科技创新项目的开展做好组织保障，同时也推动了郑州市创新型城市的建设。

表2-2 郑州市R&D经费支出情况

年份	R&D经费支出（亿元）
2010	54.0
2011	72.8
2012	80.7
2013	94.8
2014	105.4
2015	116.7
2016	141.9
2017	158.8
2018	185.3
2019	236.7
2020	276.7

（资料来源：河南省统计局）

3. 提升科技技术创新能力

为落实高质量发展要求，以创新型城市建设为目标，郑州市加大研发投入力度，健全科技创新体系，努力补齐科技创新的短板，坚持优化创新创业的生态环境，不断提高科技创新能力，从而为产业的转型助力，并为郑州市创新型城市的建设提供强有力的科技支撑。具体而言，郑州市首先持续优化科技创新发展格局，把科技资源聚焦在重点领域，加大科学技术的深度和广度，切实谋划科技创新发展的思路与具体举措；其次，在资金、高科技人才及团队培育、创新平台创建、研发机构建立等方面加大支持与推进的力度；最后，着力加强企业创新的能力，不断优化科技创新服务体系，拓展科技开放交流合作。同时，郑州确定并制定适合自身的发展模式，以郑州高新区为核心区，以航空港区、金水区、经开区、郑东新区为辐射区，目的在于推进重点科技区的发展。此外，为切实开展科技创新工作，郑州市还制定了明确的工作目标。

表2-3 2021年度郑州市科技创新工作主要目标任务

项目	目标任务
全社会研发投入占GDP的比重（%）	2.2
	0.2（挑战指标）
新增有效高新技术企业（家）	1000
	200（挑战指标）
新增科技型企业（家）	1500
	300（挑战指标）
企业及市辖单位搭建省级以上研发平台（家）	100
入选市级创新创业团队数量（家）	20
	20（挑战指标）
引进建设新型研发机构数量（家）	5
	16（挑战指标）
技术合同成交额（亿元）	260
	40（挑战指标）

（资料来源：郑州市科技局）

4. 积极开展创新合作

国务院批准设立郑洛新国家自主创新示范区，促使郑州加强科技成果转化，设立有针对性的转化引导基金，促进创新型科技企业的发展。同时，郑州市将科技与金融结合起来，建立科技贷款风险补偿机制，设立科技投融资成本补贴，形成"银行+共保"融资新形式。面对现有产业，郑州市和腾讯正在筹备"互联网+"应用技术研究院计划，以实现科技成果转化并应用于实践，促进高新技术企业生产力提高，形成一大批中小企业，形成一个系统的工业园区。

5. 加速汇聚创新人才

借鉴创新型城市建立成功案例，可知高科技人才是城市自主创新能力提升的核心要素，基于此，郑州市结合市场实际情况制定实施了适合自身的人才引入计划，实施具体人才引进项目，汇集创新人才。同时，2016年郑州政府联合企业及社会投入7.23亿元，培养与引入高素质、高技术人才。引进相关院士、专家以及海外领军相关人才，为创新型城市建立形成人才基础及有效保障，使建设的过程更加顺利。2017年，郑州建立院士工作站79家，柔性引进院士86人，常驻"两院"院士13人。这些措施的制定与实施，为郑州创新城市的建设提供了充足的人才储备，同时也在一定程度上推动了郑州市创新型城市建立的进程。

（二）郑州市创新型城市建设制约因素

1. 创新意识有待进一步提升

创新是一种社会意识的体现，在集体创新意识未形成、创新文化未构成时，郑州主要以扩大规模，提升经济为发展要务，存在发展质量不高、资源利用不合理不充分、创新不足等问题，资源短缺问题日益显现，与可持续发展、科学发展理念不够契合。郑州全员创新意识不足，对创新发展认识还不够深刻，有待进一步提升。

2. 企业自主创新动力不足

企业是城市发展的动力要素之一，企业的创新发展能够推动城市的创新发展，能够在一定程度上决定城市创新发展的进程。郑州市企业仍处于扩大经营规模的阶段，未意识到市场新要求的改变，未关注到创新已经成为市场核心。因此，郑州市企业整体创新意识不足，创新的实力不强，企业未积极提升创新能力，创新的实际成果较少，这使得企业未能进入创新发展阶段，进而也影响了创新型城市的建设。

3. 科技创新环境有待优化

科技创新的开展需要科技服务机构的支持，郑州市多数科技服务机构市场需求掌握不充分、发展定位不明朗、专业程度不高，因此出现所提供的服务与市场实际的需求契合度不高的问题，阻碍了科技创新发展的道路。此外，公共信息共享平台这些相关基础建设水平不够先进，信息资源未能实现真正的互相共享。同时，对于高科技创新人才引进与培养机制仍不健全，需要营造适合创新人才发展的氛围与环境。

三、基于数字经济的郑州市创新型城市建设的有效路径

(一) 强化创新理念

现代城市发展已经步入新的阶段,创新发展理念成为城市发展的新形式,建立创新型城市的前提就是形成创新观念,要意识到创新的重要性、创新的意义以及创新的核心。郑州市结合当前发展实际情况,借鉴成功经验,多方面、多层次探索创新型城市建设的有效路径以及方法,引导群众集体形成创新意识,激发创新思维,在创新型城市建设过程当中积极反思与总结,发现他人有效措施,结合自身实际进行借鉴,从理论和实践两方面全方位拓展创新发展的思维与视野,丰富与完善创新发展举措,勇于改变落后思维,接收新的理念,不断向创新发展前进。

(二) 提高创新能力

建设创新型城市首要任务是提高创新能力,大力提升科技实力。首先,要关注核心技术创新,掌握核心技术,创造市场价值,为创新型城市建立奠定基础,同时积极制定知识产权相关政策,引导各组织进行知识产权的申报,着重对实用新型专利给予资金支持,鼓励专利发展产业化,使高新技术产品具备自身知识产权,此外,鼓励各企业及相关行业团体成立技术研究中心,并对技术研究中心的建立提供专门的帮助、支持与扶持政策,从而切实提高研发机构的建设进程。

其次,要意识到集成化的重要性,科技发展以及城市创新成长的新型形式就是集成创新,一方面要集中力量进行产业共性核心技术研发,技术所形成的集成创新相对单项技术创新而言,能够发挥更多的价值,具有重要的意义。另一方面要鼓励大企业进行集成创新,大企业实力相对会更强,能够带领其他企业开展自主创新行动。

最后,要虚心借鉴国内外成功经验,且要将借鉴的经验与自身实际相结合,有效将借鉴的创新转化适用于自身的创新,有效利用经济全球化带来的机遇,促使自身技术提升与发展。同时,需要建立有效、完善的创新机制,从而将借鉴或引进的创新技术进行转化与调整。

(三) 营造创新环境

创造有效的创新环境能够加快创新型城市建设,抓住"创新环境"这个关

键词，以新发展理念为指引，从健全科技创新制度、增强产业创新能力、完善科技人才发展和激励机制等方面多措并举着力优化创新环境。

首先，贯彻执行国家科技支持的有关要求，切实对科技创新发展投入支持，保证稳定的科技投入，将科技投入作为工作核心内容或重点内容，体现科技投入重要性。

其次，从税收方面给予自主创新活动扶持政策，对于企业技术开发支出，提高税前扣除的优惠力度，真正做到企业发生的研发支出允许在税前扣除。同时，完善对于高新技术企业发展的其他税收优惠政策，从税收方面真正减轻企业负担，扶持企业创新活动开展。

再次，在金融政策方面，要建立支持自主创新的金融体系。金融机构要带头支持企业自主创新，引导和督促金融机构对重大科技项目和科技成果转化项目给予优惠政策和支持。不仅要鼓励大企业创新，还要支持中小企业进行技术创新。中小企业在技术创新中也发挥着重要作用。因此，应建立或完善与中小企业相关的信用担保体系和机制。

最后，技术创新产业集群对创新发展具有重要的意义，要加快建立各类型科技发展区域或集群，使资源能够汇集在一起，帮助实现产业发展，使产业能够规模发展、有效发展，并能够形成具有自身特征的产业。政府方面要扶持技术研究中心以及相关工作站建立，强化科技基础设施的创设。同时制定考核制度，实行动态考核，提高管理效率。此外，着力开展科技基础平台的构建，为科技创新营造良好的环境，从而促使创新型城市的建立。

四、小结

创新型城市建设是当前城市发展有效的发展形式，也是有效发展模式，走创新型城市建设道路，能够打破城市发展困境，实现城市新的发展，为城市发展带来新的经济突破，改变城市以往发展路径，实现更有效的发展，以及更优的发展。因此，对创新型城市建设问题进行研究将推动城市的可持续发展，同时也将推动我国的创新发展。本课题通过对郑州市创新型城市建设问题进行分析，研究郑州市创新型城市建设成果，总结建设过程当中存在的问题，为将来优化发展提供思路。

第五节　助力河南省中小企业数字化转型

一、中小型制造企业的基本特征

2011年6月，工业和信息化部、国家统计局、国家发展和改革委员会、财政部联合下发了《关于印发中小制造业企业分类标准的通知》（工信部联合企业〔2011〕300号）。中小制造企业分为三类：中、小型和微型，具体标准根据企业职工、营业收入、总资产等指标和行业特点制定。不同行业对中小制造企业的指标有不同的衡量标准，因此无法比较中小制造企业的经营规模。但可以肯定的是，中小制造企业在行业中处于相对弱势的地位。中国有各类市场主体1.3亿多个，其中90%左右是中小制造企业，覆盖国民经济的各个领域，在促进经济增长、稳定就业和技术创新方面发挥着不可替代的作用。为了激发中小制造企业的活力和发展动力，中共中央、国务院颁布了一系列法律和政策，包括《中小制造企业促进法》和《关于促进中小制造企业健康发展的指导意见》，促进中小制造企业全面健康发展。特别是2020年新冠疫情暴发后，为了帮助中小制造企业渡过难关，国务院多个部门制定了降费税收抵免政策，加大了财政支持力度，优化了政府公共服务方面的政策，降低中小制造业企业的经营成本，增强经营能力，缓解对中小制造业企业的救助。

一般来说，中小制造企业有四个基本特征：

（一）经营规模小，抗风险能力差

中小制造企业资产规模小，自有资本少，市场占有率低，融资能力差，现金流少，产品技术含量低。他们主要依靠低成本、低价格、微利和快速的营业额赢得市场，并具有较强的市场敏感性。这种低投入、低回报、低现金流的经营模式限制了中小制造企业向专业化、精细化、特色化、科技创新等"专、特、新"方面的高质量发展，中小制造企业的核心竞争力难以提高。一旦外部市场环境恶化或产品价格波动，中小制造企业容易出现现金流中断和资金链断裂的风险，严重威胁企业的可持续经营。

（二）管理水平薄弱，融资能力不足

企业经营的根本目的是盈利，中小制造企业也不例外。受企业盈利水平的限制，中小制造企业的管理层将更加关注企业的经营利润，以保持企业的可持续经营，没有时间或意愿为企业治理体系和治理能力建设投入更多精力和成本。中小制造业企业往往出现岗位设置、人力资源、内部制度、财务管理、内部控制和内部治理体系薄弱，内部管理流程不清晰，财务数据、内外部信息不对称，金融机构水平低等问题，严重影响中小制造企业的融资能力。

（三）经营模式灵活，创新能力不足

中小制造企业规模小，生产经营投入少，产品技术含量较低，市场适应性强，对市场变化敏感。同时，中小制造企业人员较少，组织结构相对简单，决策程序简化，决策效率高，管理决策执行速度快。一旦市场需求发生变化，企业就可以快速调整，快速转型，灵活经营。中小制造企业大多处于生产链的末端，规模小、盈利能力弱、现金流低，但技术开发需要投入大量资金，人员成本高、时间周期长、研发风险大。面对技术创新显得不足，中小制造企业只能维持正常运营。

（四）市场主体众多，发展潜力巨大

随着市场经济的建立和完善，以多种所有制形式为主体的中小制造企业得到了迅速发展。其经营范围覆盖一、二、三产业，覆盖国民经济的各个领域，是大众创业和创新的主要载体。根据第四次全国经济普查的数据，中小企业缴纳的税收占全国的50%以上，创造的产品和服务价值占全国GDP的60%以上，技术创新占全国的70%以上，提供了80%以上的城市就业，中小企业的数量占全国各类市场参与者的90%以上。中小制造企业已成为我国国民经济和社会发展的重要组成部分，在稳定经济、促进发展、加强创新、保障就业等方面发挥着不可替代的作用，促进了国民经济稳定高质量发展。

二、中小型制造企业数字化转型中的问题

经过几年的发展和实践，数字化转型已经逐渐被人们所认识和熟悉，数字化也逐渐从一个原始的概念和工具发展成为一种变革。数字化与工业的深度融合已成为高质量经济发展的新动力。根据相关机构的研究，在不考虑疫情影响的情况下，数字化改造可以使制造企业成本降低17.6%，收入增加22.6%；物流服务企业成本降低34.2%，收入增加33.6%；降低零售企业成本7.8%，增加收入33.3%。数字经济的潜力可见一斑。2019年新冠肺炎疫情暴发后，中国的数字领袖们表现出了强大的复原力和韧性。根据埃森哲的调查报告，2020年第一季度，中国GDP下降6.8%，普通企业收入下降17%，数字领袖收入下降4%。2020年上半年，中国GDP下降1.6%，领先数字企业收入增长超过3%，显示出较强的抗风险能力和综合运营能力。

然而，我国中小制造企业数字化转型的道路并不平坦。总体来看，中小制造企业仍处于观望和规划状态，尚未进行实质性的数字化转型升级。这与中小制造企业的特点密切相关。中小制造企业的数字化转型受到资金、人才、技术、平台和资源匮乏的制约，中小制造企业数字化转型之路充满困难。

（一）顶层设计不成熟，路径不清晰

从以上数据分析可以看出，数字化转型已经成为赋能企业发展的新动力，增强了企业的核心竞争力和抗风险能力。数字化转型是企业必须面对的问题，无论是主动接受还是被动接受。然而，要实现数字化与产业的深度融合，提高生产效率并不容易。根据《中小制造企业数字化转型分析报告（2020年）》，89%的中小制造企业处于数字化转型的探索阶段，8%的中小制造企业处于数字化转型的实践阶段，只有3%处于数字化转型的深度应用阶段。第一个原因是数字化转型的战略规划还不成熟。企业管理者尚未就数字化转型将带来什么、如何推进、什么影响形成成熟的战略规划进行研究。

尽管数字化转型效果明显，但目前中小制造企业的效率仅占3%，部分中小制造企业数字化转型不成功。随着对数字化转型的深入了解，企业管理者变得更加理性和务实，希望缩短投入回报期，提高投入与产出的正相关率，在数字化转型过程中更加谨慎。另外，数字化转型的路径不明确。数字化转型不仅仅是将商业部门连接到互联网。数字化转型是一个流程再造的过程，涉及运营管理、业务流程、IT技术和企业文化等复杂的系统工程。数字化转型前，需要评估企业各部门的数字化程度，分析业务需求，确定数字化的切入点，制定清晰的路径规划图。受自身条件限制，中小制造企业人才库较小，熟悉数字化转型所需管理、业务和技术的复合型人才缺口较大，缺乏能够全面掌控转型推进、掌握转型路径的人才支撑；同时，行业内成功转型的中小制造企业相对较少，缺乏可供借鉴的成功经验。不成熟的顶层设计和不明确的转型路径阻碍了数字化转型的进程。

（二）缺乏内生动力，生存为重

对于中小制造企业的数字化转型，许多专家学者从多个角度进行了研究和分析，得出的结论是，中小制造企业面对数字化转型，存在"知易行善"，"转化就是求死；不转就是等死""不敢转、不能转"等诸多现象。究其原因，仍然是由于中小制造企业自身的局限性，如资金、人才、管理和技术实力薄弱，内生动力不足。

1. 信息化建设和数字化建设尚未完全建立，数字化改造基础薄弱

数字化转型可以分为三个步骤：信息化—数字化—智能化。我国大部分中小制造企业已经实现了信息化，但主要处于起步阶段，主要用于建立办公自动化和企业内部业务板块数据库。这些数据库相对独立分散，数据标准不一致，普遍存在不兼容问题，难以形成集成，数据之间的壁垒难以突破，企业整体信息化管理程度较低。行业报告显示，23%的中国中小制造企业使用数字技术集成关键业务系统，其中34%收集生产、物流、销售和服务中的业务数据。同时，中小型制造企业规模小，自有资金少，融资能力差，对信息化和数字化的吸引力低，投资成本低，信息化和数字化基础薄弱。

2. 自有资本少，融资能力弱，数字化转型投资低

中小制造企业规模小、产品技术含量低、盈利能力弱、自有资本少；市场占有率低，可支配资源少；融资资金短缺，融资渠道单一，融资成本高，融资风险评估标准严格，中小制造企业融资困难，成本高。数字化转型初期，投资大，研发风险高，对科研实力要求高，转型效益短期内不易显现。在资本供给不足的前提下，中小制造企业更倾向于利用资金扩大再生产。行业报告显示，中国14%的企业投资于数字转型，占其年销售额的5%，约70%的企业投资不足其年销售额的3%，这与大型企业的数字资源配置相比严重不足。

3. 成本投入大，转型周期长，数字化转型成本高

企业数字化转型是一个系统的、全方位的颠覆性工程，涉及组织结构、业务流程、客户终端、内部控制等方面的改革。数字化转型是基于企业全面信息化的迭代式创新。企业数字化转型需要硬件设备和软件技术的支持，需要精通管理、商业和IT技术的领军人才，以及技术和商业复合型人才的引导。更重要的是，企业数字化转型是一个渐进的过程，需要持续的资本投资。对于处于信息化初级阶段的中小制造企业来说，实现数字化转型首先需要建立和完善企业整体信息化建设，实现部门间数据的集成和采集，突破数据信息壁垒，实现数据交互，之后，在信息化的基础上，从全球角度规划数字技术与产业的融合。对于中小型制造企业来说，这一过程的实现相当于在为数字化转型升级做准备的同时，弥补信

息化和标准化管理的不足。另一方面，人才匮乏一直是困扰中小制造企业发展的重要因素。中小制造企业数字化转型升级不仅需要专业人才，还需要技术专业复合型人才。为了满足对人才的需求，内部培训和外部雇佣都会增加中小制造企业数字化转型的成本。另一方面，现金流不足也是中小制造企业数字化转型过程中的一个难题。数字化转型持续时间长，短期效应慢，需要持续投入研发。在自有资金有限的情况下，中小制造企业只能通过各种渠道筹集有息甚至高息的外部资金。时间成本、人员成本、硬件成本、软件成本、融资成本等，使得中小制造企业数字化转型的道路艰难而漫长。

4. 人才储备有限，跨学科人才匮乏，造成数字化转型的瓶颈

中小制造企业较少，市场占有率低，市场竞争处于弱势地位，在招聘方面没有吸引力，薪酬待遇与大企业相比相对独立分散，一些数据库、数据标准普遍不兼容，难以形成整合，通过数据之间的壁垒有很大的难度，企业整体信息化管理程度较低。行业报告显示，23%的中国中小制造企业使用数字技术集成关键业务系统，其中34%收集生产、物流、销售和服务中的业务数据。同时，中小制造企业规模小，自有资本少，融资能力差，对信息化和数字化的吸引力低，投资少。

三、中小型制造企业数字化转型的路径

中小制造业企业作为我国国民经济的重要组成部分，在稳定就业、保障民生、促进发展等方面发挥着重要作用。中小制造业企业数字化升级对经济社会转型具有重要意义。针对中小制造企业在转型过程中遇到的困难和问题，许多部委出台了相关政策措施。如工业和信息化部发布的《中小制造企业数字化可分配专项行动计划》，国家发改委与工业和信息化部等16个部门联合发起了"数字转型伙伴行动"，从"能力支持、金融包容、生态建设"等方面，聚集各种资源，比如让中小制造企业加快数字化转型，培育新经济发展。中小制造企业数字化转型是世界贸易组织的一项重要举措和全方位转型，既需要依靠政府的政策支持，也需要加强自身能力的培养，提升自身的核心竞争力，从而确保各项支持政策的落实，确保数字化转型的顺利进行。

（一）了解并使用好的政策，加强数字转型的顶层设计

为了帮助中小制造企业解决困难，降低数字化转型成本，促进数字化与工业化融合，政府出台了一系列有针对性的政策措施。财政和税收激励措施，包括减税和减费；促进中小制造企业、数字服务提供商和金融机构之间的合作；征集和

推广数字服务提供商、优秀的数字产品和服务;向中小制造企业和实际案例推荐数字使能基准;组织数字产品和解决方案对接活动;搭建在线技术培训平台;启动中小制造企业数字化转型,凝聚各方力量,全方位支持中小制造企业数字化转型。中小制造企业还主动优化组织管理,完善体制机制,配置内外部资源,利用扶持政策,确保重点项目、产品和服务的落实,提高效率和效益。

要根据企业发展方向和行业特点,制定企业数字化转型发展战略规划,根据企业用户需求定制创新发展目标、任务和路径。基于《智能制造能力成熟度模型》《中小制造企业工业 4.0 实施指南》等,对企业进行数字化创新的有效分析,对企业原有的数字化制造模式进行改进和完善,使企业生产管理流程得到有效改进,帮助企业从局部数字化转型到整体全面改革,实现企业持续数字化转型的目标。

(二)以标杆企业为驱动,完善数字化转型公共服务体系

目前,大多数中小制造企业仍处于数字化转型的探索阶段,转型路径和重点不太明确,需要龙头企业带动。龙头企业还需要生态链上的中小型制造企业通过共享生产和数据,相互互动,产生协同效应,优化生产,实现互利共赢。龙头企业可以在示范中发挥主导作用,分享转型的成功经验和实践案例,使尚处于探索阶段的企业能够协调标准和表格,优化路径,降低风险,降低转型成本。

(三)加强技术对接,促进企业数字信息发展

由于自身的局限性,中小型制造企业的数字化改造基础相对薄弱。在转型过程中,他们面临着来自管理、资金、人才、技术等方面的压力,这在一定程度上阻碍了企业数字化转型的进程。因此,中小制造企业仍需刻苦钻研,转变观念,规范管理,拓宽融资渠道,最大限度地调配好现有资源,提高盈利能力,主动适应新形势,发挥自身优势,促进数字化转型,增强自身实力,为数字化转型提供必要条件,促进可持续发展的应对风险的能力。

结合行业发展和特点,企业要制定科学、合理的数字化转型规划方向,使 ERP 系统、MES 系统和 PLM 系统数据实现实时有效的资源共享,整合企业信息、数据、业务、资金、知识等资源,促进企业设备和生产线自动化、数字化发展,推动企业业务逻辑从产品分工向知识分工转变。

(四)增强自身实力,积极发展服务型制造业

要加快生产制造向服务型转变,由承包商提供整体解决方案,使企业制造过

程实现个性化服务、全生命周期管理、网络精准营销和在线支持服务，提高企业过程管理能力，提高行业的专业化水平，使企业系统能够科学有效地管理供应链。

（五）加强人才引进和培训，构建数字化人才培养体系

在数字化转型过程中，最迫切需要的是跨学科数字人才，包括数字管理人才、数字技术人才和数字商务人才。管理者只有对数字化转型有敏锐的洞察力，才能制定数字化转型的战略发展布局，找到企业运营的痛点和数字化转型的切入点。只有技术人员具备数字化专业能力或业务人员具备数字化技术能力，才能了解企业数字化转型的战略布局，促进数字化技术与业务深度融合，深入开展数字化转型工作。中小制造企业可以组织员工充分利用"企业微课"等在线平台和工业与信息技术人才在线学习平台，学习数字化、网络化、智能化技能，从企业内部培养数字化人才。同时，加强与高校和科研机构的沟通与合作，高校和科研机构提供数字化技术，企业提供数字化培养基地，共同构建长期高效的人才孵化机制。中小制造企业可以通过内部和外部培养和储备适合自身需求的数字化人才，把握趋势，有针对性地进行人才培训，避免盲目性，提高效益，降低培训成本。

四、小结

企业数字化转型是一项长期而复杂的系统工程，投资大、效益慢。中小制造企业资本实力较弱，专业人才较少，技术力量薄弱。生存仍然是企业的首要任务，大力投资数字技术改革显然是不现实的。企业管理者应从全球角度规划数字化转型战略，分析并确定企业发展痛点、数字化成熟点、价值提升点、运营关键点作为数字化转型的切入点，制定清晰可行的转型实施路径。同时，其他业务部门可以维持正常运营，保持企业的可持续发展，提供数字化转型所需的资源，确保数字化转型的顺利有效实施。"统筹规划、分步实施、小步快跑"是中小制造企业实施数字化转型应考虑的步骤。数字经济已经成为国民经济的重要组成部分，推动企业数字化转型已成为必然趋势，中小制造企业也不例外。不同的行业有不同的特点、不同的发展阶段和不同的数字化转型需求。无论需求的紧迫性如何，企业都需要立足自身实际，立足长远规划，以提高发展质量、增强发展潜力、促进可持续发展为目标。

第六节　有利于实现教育资源共享

　　近年来，随着互联网技术高速发展，数字化时代悄然而至，在数字化背景的推动下，我国高等教育发生了翻天覆地的变化，线上教学、"线上+线下"混合教学模式逐渐替代了单纯的线下教学，而这些新兴的教学模式对教育资源提出了更高的要求，这些高要求潜移默化中推动了应用型高校教育资源共建的发展。我国高等教育已经迈入大众化发展阶段，这是高等教育发展的一般规律，也是我国当前社会发展的必然选择。中华人民共和国国民经济和社会发展第十四个五年规划和 2035 年远景目标纲要中提出，要深化教育改革，推进高水平大学开放教育资源，完善注册学习和弹性学习制度，畅通不同类型学习成果的互认和转换渠道。基于此，本文针对数字化时代应用型高校教育资源共建的现状进行分析，找到其中存在的问题并提出合理的建议，力求为应用型高校的教育资源共享提供新思路，助推我国高等教育内涵式发展。

一、数字化推动高校资源共建高速发展

　　在过去的几十年中，随着中国方方面面的发展，我国高等教育资源共享主要经历了以下三个阶段：被动选择、主动探索和全面发展。具体来说，20 世纪 50 年代至 70 年代是第一阶段，也就是我国高等教育资源共享的被动选择阶段，在这个阶段，我国高等教育资源非常不成熟，更不要谈有效的整合共享，因此，这一阶段的资源共享带着一些消极被动的色彩，但是经过我国学者的学习和思考，我国高等教育资源共享悄然萌芽；第二个阶段持续到 20 世纪 90 年代，在这个时期，我国相关学者尝试着主动探索如何进行高校资源共享并取得了一定的成果，但是由于经验不足，教育资源共享只能在某一些比较狭义的领域进行，因此还存在较大的局限性；20 世纪末至今是第三个阶段，这个阶段我国高等教育资源共享已经全面发展并取得了丰富的成果，同时出现了形式多样的资源共享平台，例如大学生慕课、超星学习通、蓝墨云班课等。尤其是近几年，数字化时代高速推动了教育资源的共建，各大高校积极响应国家相关政策，发布优质课程到对应平台，向社会提供学习资源。

　　我国高等教育共享的发展阶段其实也是学习方法及知识汲取的发展阶段。从学习方法来说，高校授课的最初阶段是传统的讲授，学生只作为接收者，很少主动思考，只能获取到老师讲授的知识；随后出现了自我引导学习的教学方法，教

师通过引导学生主动思考，让学生通过自我反馈学习、信息搜索学习、自我评估学习，可以获得一些浅表的知识和信息；紧接着，出现了协同学习模式，教师和学生作为讨论者和协同者一起进行学习，进行信息和想法的交换和分享，进行深度知识的获取；信息化时代，推荐学生进行主动学习，让学生做一名实践者，通过做中学、解决问题学习、背景意识学习等方式，达到智慧知识的层次，而主动学习的基础则是丰富的教学资源。因此，数字化推动了我国高校资源共建的高速发展。

二、当前河南省应用型高校教育资源共享现状

（一）教育资源共享意识淡薄，缺少校校联合

虽然我国高等教育资源共享已经进入了全面发展的第三阶段，各高校内部的教育资源共建已经成果丰富，但是受到传统观念的影响，各大高校出现了"各自为政"的现象，很多高校为了保持自身的一些特色优势，并不愿意和其他高校进行资源置换，大家各扫门前雪，合作较少。即使有高校开展合作，也容易出现瞻前顾后、流于表面、合作不深入的情况。其本质原因是各大高校之间有一种潜在的竞争关系，一般校校合作过程中，不愿意拿自己的优质教育资源进行分享，只想获取对方优质资源，从而导致了各大高校之间只能分享到小部分的资源，失去了教育资源共享的有效性。想要改变现状，需要从高校管理者的教育资源共享意识着手，开放思想，大胆地通过"引进来"和"走出去"进行资源置换，从而实现我国应用型高校资源共享的全方面发展。

（二）教育资源共享利用率低，无法有效解决问题

虽然目前教育资源已经进行了一定程度的开发，但是共享领域单一，导致利用率偏低，解决问题存在一定的难度。资源共享的特征应该包含以下六个方面：第一，真实性，资源共享应该来源于真实的生活，有意义的背景或者当前的实践；第二，激活先验知识，资源共享应该是有记忆提示，知识应该是多样来源且项目交互的；第三，充分的复杂性，包括刺激批判性思考、令人兴奋的深度讨论、生成适当的学习观点、匹配短期记忆、能够被解决等方面；第四，刺激组内讨论，利用启动讨论的触发器激起学习者之间的讨论，活跃高阶思维，同时考虑替代品的提示；第五，生成题目，学习者在进行综合讨论后，拟出问题；第六，刺激自我导向学习，学习者通过自己学习观点及汲取信息的支持构建反馈会话，

思考提出问题的合理性。目前单一的资源共享领域是无法有效实现以上要求的。

（三）还没有建成完善的公共网络平台

在目前的时代背景下，应用型高校之间实现信息互通、教育资源共享是当前高校发展的必然趋势，它能够缩小各大高校的差距，从而实现我国教育事业的高质量发展。但是时至今日，无论是国家层面的或者是区域层面的，应用型高校之间还没有建成一个网站的公共网络平台，这对于高校的教育资源共享是非常不利的。对于学校管理来说，无法及时地联合起来开展工作，充分发挥学校服务于区域经济的职能；对于老师来说，无法及时对自己的授课心得和授课方法进行交流互动，不利于教学改革的发展；对于学生来说，缺少公共网络平台，就缺少了学习其他高校优质教育资源的机会。

三、数字化时代应用型高校教育资源共建优化建议

数字化时代，应用型高校进行教育资源共建具有重要的优势和意义，首先，能够对学校教育资源进行整合，助力教育公平。当今社会已进入共享时代，共享自行车、充电宝、汽车等业务开展得如火如荼。教育资源的共享不仅顺应时代发展潮流，也充分满足了学校在教学过程的实际需求。教育资源的共享对解决不同地区教育发展不均衡的问题尤其重要。选择教育资源共享平台，能够保障发展程度不同地区的孩子享受到同样水平的教学资源。其次，能够有效地统一资源管理系统，提升管理水平。统一的资源管理系统对于学校来说十分重要，部分学校的资源保存零散、杂乱、不成体系，学生和老师在使用过程中相当不便。选择教育资源共享平台能很好地解决这一问题。再次，功能全面、实用性强的资源共享平台具有极高的实用性。普通的资源平台的功能不全面，很有可能导致老师、学生在使用过程中出现各类问题。因此选择教育资源共享平台，其全面的功能性能够很好地解决这一难题。教育资源共享平台不仅能够对教育资源进行整合，体现学校教育实力，提高教育水平，而且还能够保证教学质量的统一、功能全面、实用性强。

（一）转变竞争观念，加强共享意识

高校之间，尤其是应用型高校之间，一直存在竞争和共赢的关系，想要实现我国高等教育资源真正共享，需要加强各大高校的共享意识，转变竞争观念，有效地进行资源置换和资源共享。一方面，虽然每个高校有自己的特色优势，但是

在数字化时代，特色优势的生命周期很短，极容易被取代，进而变成劣势，如果高校一味地"故步自封"，反而会失去自己的特色，只有拿出来置换其他高校的优势资源，才能从真实意义上实现教育资源共享和教育优势互补。另一方面，每个学校的教育资源都有自己的短板，由于高校内部的工作原则往往从校领导传递到二级学院，再传递到教研室等基层单位，因此，高校内部的思维方式是非常雷同的，这就导致教育资源的一些短板是不容易发现的，只有通过各大高校之间教育资源的取长补短，才能助推本校的专业建设和内涵发展，从而实现我国高等教育的长远发展。

(二) 创新资源共享方式，提高资源共享效率

1. 教育资源时效性

伴随数字化而来的就是海量的信息，在这个信息爆炸的时代，哪怕是高校的一些特色优势资源都极有可能被取代，因此网上的教育资源极其容易落后，共享资源的有效性是不可或缺的。只有及时更新教育资源，才能提升资源共享的效率，从而为问题的有效解决提供思路和方法。

2. 信息技术多样性

过去的教育仅包括学校、学生、家长三个层面，进入数字化时代后，高校的职能也发生了转变，除了培养自己学校内部的学生，还要肩负起服务社会的责任，这也是教育资源共享快速发展的原因之一，相对应的，目前高等教育已经逐渐转变为学校、学生、家长和社会四个层面，且这四个层面想要获取的资源是截然不同的。因此，在对其进行信息传递时，要注意信息技术的多样性，既要有固定的信息通道，还要有移动的传播渠道，保证能传播不同人群、不同层面想要获取的教学资源。

(三) 建立高质量统一共享服务平台

1. 健全国家级网络资源平台

目前，我国现有的互联网教学技术在很大程度上保证了城乡学校享有同等的教学质量，基本覆盖了城乡一体化的国家教育资源体系建设，也满足了不同地区不同学校的差异化需求。因此，亟须构建一个健全的国家级网络资源平台，把不同地区、不同省份的教育资源进行整合，包括如何统一标准建立云基础设施；如何消除信息孤岛，实现教育资源的开放型和灵活性；如何开展教育资源示范工程

三个主要方面。整合过程中，除了保持不同地区教育资源的特点及特色之外，应该重点关注教育内容的丰富和专业化，这很大程度上可以影响学习者接收网络共享资源的效果。完成整合后，应加强宣传工作，面向全社会大众开放优质教育资源。

2. 建立区域级公共服务平台

由于不同地区的教育资源具有一定的地域特点，因此除了依托国家级网络资源平台，建议建立区域级公共服务平台，详细来说，即建立省市之间、城乡之间和学校之间的区域级公共服务平台，有助于实现基础教育资源共享的均衡发展，以局部地区的资源共建共享来带动全国范围内基础教育的进步和发展。通过建立区域之间各学校的信息交流和资源的融合应用，将分散的教育资源进行统一整合，筛选出优质的教育资源汇总到资源数据库，从而构建统一的公共服务平台。同时，平台本身除了满足课堂教学、资源利用、教育管理的需求以外，还应兼具教师能力提升、优质教育资源均衡发展的用途。

3. 构建校级资源共享平台

构建校级资源共享平台，需要学校管理者加强优质资源共享的意识，重视并参与校级平台的建设。各级政府要通过政策层面积极引导，提升政府的桥梁作用，并且加大教育经费补贴力度和政策的倾斜。同时，这也有利于相关部门争取有力社会资源，如承办省级以上高水平学术会议或论坛等，这样可以充分展示学校发展成就，促进对外交流，提升学校社会声誉。

四、资源共享案例：管理会计网络教学空间建设

（一）大数据背景下在线课程建设现状

党的十九大报告提出了实现高等教育内涵式发展这一目标，自此中国高等教育正式进入了内涵式发展的崭新阶段。2020年以来，教学改革更是进入一个新的阶段，线上课程建设迫在眉睫。管理会计课程是财管类专业学生的核心课程，也是大数据背景下财管类专业的前沿课程，相对于传统会计课程来说，管理会计侧重培养学生的信息获取能力、预测决策能力、财务分析能力等，符合目前高等院校应用型人才培养方式。好的线上课程建设不只是录制授课视频，更需要一个完整的网络教学空间。但是，目前各高校教师依附于大学生慕课或者超星泛雅等在线学习平台建设在线课程基本以视频讲述和习题测评为主，没有一个集教学资料、授课视频、案例分析、习题测评、虚拟仿真为一体的网络教学空间，这不利于管理会计线上课程的开展。

（二）管理会计网络教学空间建设存在的问题

1. 数字内容创作存在困难

网络教学空间建设的核心就是数字内容的创建，数字内容创作是知识内化的最佳方式。在数字内容下，学生可以通过自己的感觉器官将巨量的、碎片化的信息整合，并结合自己进行进一步的选择，筛选出自己需要的信息，将这些信息组织形成新的信息，进而通过整合形成一套适合自己的知识体系。同时，数字内容创建是结合课程思政、价值观养成的最佳途径，在管理会计课程中，有大量章节可以结合课程思政，但是在线下授课中，学生只是单纯地听老师讲解，无法真正做到"参与式"课堂思政，而这些问题在数字内容下就很容易实现。管理会计教学空间可以设计大量的案例分析内容，让学生进行分组式讨论，进而获得参与感。

显而易见，数字内容的创作是教学空间的核心内容，但是在创作上存在一定的困难，主要表现在以下几个方面：第一，数字内容的创作需要一个专业的角色清晰的团队；第二，数字内容需要能够满足学生个性化、多样化的成果；第三，数字技能训练需要使用各种复杂的数字化工具；第四，数字的创作内容需要体现团队的价值观；第五，数字内容需要不断创新展现形式，解决过程中出现的各种问题。

2. 教学资源重复交叉，筛选难度较大

想要构建一个完善的高校管理会计教学空间，丰富的教学资源是非常必要的。然而，当前管理会计可用于教学的印刷教学资料、教学光盘、网络教学资源、卫星电视直播课堂教学等教学资源越来越多，而且良莠不齐、详略不同、重复交叉，需要花时间和精力进行鉴别和筛选。只有筛选出合适的教学资源，才能实现学生和教学资源之间的有效交互，进而提高学生的自主学习能力。

3. 教师网络教学思维敏感度不够

虽然近年来"互联网+教育"兴起，但是大部分老师的思维还停留在线下授课的阶段，导师教学思维敏感度不够。分析整个网络教学活动，从课前准备、正式授课、课堂互动，到师生评价、课后作业，整个过程无时无处不考验着参与者的网络信息接受能力、信息技术操作水平、对信息的敏感度及适应性，以及数字化学习与创新能力。如果教师不能做到思维上的转变，将无法为课程注入新的血液。

(三) 管理会计网络教学空间建设重点

1. 加强校企合作，共建数字内容

数字内容的创作是教学空间的核心内容，在管理会计的教学空间建设中，要有效结合高校的校企合作单位，共同建设数字内容。在管理会计的学习过程中，学生可以通过自己的感觉器官将巨量的、碎片化的信息整合，并结合自己实际进行进一步的选择，筛选出自己需要的信息，将这些信息组织形成新的信息，进而通过整合形成一套适合自己的知识体系。在此基础上，由校企合作单位提供案例数据，设置大量的课程活动，充分发挥学生的主体地位。例如，学生在学习过程中，可以选择不同的岗位进行体验：选择税务岗位的同学针对所有的公司的税务会计进行税务知识点讲解及纳税申报培训，同时对没有正规纳税的公司进行行政处罚，养成财务人员良好的职业道德；选择银行岗位的同学，针对其他同学进行"防诈骗"宣讲，增加真实感，力求实现"参与式"课堂思政，一方面可以提升同学们的危机意识及自我保护意识，另一方面可以帮助同学们形成正确的价值观。

2. 加强沟通协同，筛选教学资源

线上教学需要实现学生和教学空间的有效交互，而其中一个很有效的交互方式就是学生自发地寻找自己需要的教学资源，因此教学资源的筛选非常重要。首先选取的教学资源最好能够具有形象具体、动静结合、图文并茂等特点。把抽象枯燥的教学变成生动具体的互动，这样可以将一些难以讲清的内容有效的展现在学生面前，让学生能够更深刻的理解一些难点。其次，选取的教学资源要多样化，要达到可以调动学生兴趣、调整学生情绪的目的。一个模式的内容时间长了容易使人疲倦，注意力容易下降，多样化会刺激学生的感官，吸引学生的兴趣，从而提高学习效率。再次，选取的教学资源要跟生活密切联系，要找准与学生生活有关联的切入点，让课堂的知识因为贴近生活而有趣，从而增强学生的学习意识。

3. 组建教学团队，训练数字技能

近年来，教学改革从未间断，教学团队的组建也一直在进行中，因此，在新的教学模式下，教学团队要训练数字技能，学生也应该学习相关技能。首先，要锻炼学生的创新性思考技能，让学生在教学空间的学习中，可以通过信息重组的方式创新表达方式。其次是分析性思考技能,学生在学习过程中,通过阅读大量的教学资源来进行信息提取,在提取过程中一味的被动接受是非常低效的,因此学生必须学会分析性的思考,在汲取信息的同时,通过分析性思考来解决问题。再次,要锻炼学生的批判性思考技能,教学空间里的教学资源虽然也在同步更新,但还是可能会随着时代的变迁而被淘汰,学生要用批判性的思维去对待这些知识。再次,教学空间要重点练习学生的沟通和系统技能,可以通过分组讨论的方式,让学生们在案例里进行角色扮演,学生在学习中循序渐进地感知、认知管理会计相关业务岗位的日常工作内容及职责要求,进而锻炼学生的沟通能力和团队协作能力。最后,要培养学生的数字技能,学生在教学空间里进行学习的同时,自己也要学习数字化的创作,这也是目前管理会计的发展方向。

(四)管理会计网络教学空间建设

结合上述建设重点,本文从实践出发,力求建设一个涵盖资源、教学、交互、虚拟仿真、评价的综合性网络平台,对民办院校的人才培养质量和就业提供有益探索。

1. 构建管理会计课程网络资源平台

想要建立一个完善的教学空间,充足而丰富的教学资源是基础内容,就像线下的课程需要一本合适的教材。管理会计教学空间应该包括以下三个层次的教学资源:知识点讲解、案例分析材料(含数据支持)、习题册。首先,知识点讲解要专业且丰富。由于管理会计在中国还不够完善,很多资料来自外文翻译,教材也是参差不齐,因此教学资源的选择需要大量的阅读和筛选,进而找到专业且丰富的知识点。其次,案例分析材料要贴合实际,和校企合作单位共同开发,提供真实的数据,让学生分组解决问题。最后,习题要丰富多样,不能以客观题为主,要增加主观题的占比,可以引导学生的主动思考能力。

2. 构建管理会计课程网络教学平台

管理会计课程网络教学平台可划分为学科介绍、课程介绍、学习目标、学习资源、学习辅导、边学边练、课后导读、模拟测试、在线讨论、虚拟仿真等多个教学区。学生学习过程中,通过学科介绍了解管理会计的定位;通过课程结构明确课程的整体框架;通过学习目标明确章节知识的重难点;通过学习资源做课前预习或者课外复习;通过学习辅导和老师在线互动;通过边学边练加深对知识点的理解;通过课后导读实现知识的升华;通过模拟测试对自己知识的掌握查缺补漏;通过在线讨论实现和自己同学的交互并分享学习心得;通过虚拟仿真对某些重要的知识点进行实验操作，进而加深对课程内容的理解。整体来说要，要构建丰富全面的管理会计课程网络教学平台。

3. 构建管理会计课程网络交互平台

交互，也就是交流互动，这个是网络教学空间的一个核心内容。具有交互功能的网络教学空间，可以让学生在获得相关知识点、案例分析、习题库等，还能使学生与老师之间或学生与学生之间相互交流与互动，从而碰撞出更多的创意、思想和需求等。详细来说，应该包括以下几点交互：第一，学生和教学资源的交互，学生通过自主学习的方式主动汲取筛选教学资源；第二，学生和老师的交互，学生可以在学习辅导区域和沟通交流，进而实现交流互动；第三，学生和学生的交互，一方面，学生通过分组协同合作的方式进行案例分析，另一方面，学生可以在在线讨论功能区实现学生之间的交互。

4. 构建管理会计课程虚拟仿真平台

虚拟仿真通过计算机技术模拟一个真实系统的技术，目前大部分院校的管理会计课程没有专门开设实验环节，对于课程的一些核心知识点来说，需要学生通过实验操作才能理解得更加透彻，因此，虚拟仿真平台就显得十分重要了。虚拟仿真建设平台的要点如下：实验内容要精彩，要契合国家战略以及管理会计发展的最新成果，同时达到课程思政的效果；实验构思要巧妙，最好是来源于科研的最新成果；实验做法要灵活，遵循学生的学习习惯，知识内容及环节构成需要层层递进；实验结果要可靠，不能只是简单的是或否；实验评价要客观，鼓励学生提高实验的准确度，评价结果可以作为持续改进虚拟仿真项目的依据；实验素材要丰富，把学生交互性操作步骤表述清楚；实现技术要适合，通过"虚拟反应显示"解决管理会计的重难点问题。

5. 构建管理会计课程网络评价平台

管理会计网络评价平台应该包含多元化考核方式，通过系统自动识别进行评定，具体来说，分为以下几个方面：第一，对学生自主学习的评价，教师通过考查学生对文字教材课后思考题的答疑情况、参加学习小组的次数和学习小组解决问题的数量和质量来评价学生的自主学习情况；第二，对学生进行交互程度的评价，此类评价由系统通过学生在平台上留下的痕迹自动识别鉴定，只有大量的交流互动才能提高线上教学的效率和质量；第三，对学生实践能力的评价，将学生分析案例的步骤和内容的完整性、逻辑性、决策的合理性，作为评价学生实践能力的标准，例如：在进行存货决策时，学生要先判定存货决策是处于一般模型还是扩展模型；第四，对学生进行总结性模拟测试的评价，在管理会计课程网络平台的最后一个教学区中，学生可以进行模拟测试，也可以通过电大在线平台上的题库考试系统，随时随地进行网上测试。

五、小结

数字化背景下，应用型高校的教育资源共享已经是社会发展的必然趋势，其不仅有利于应用型高校自身的发展，也有利于教育资源共享和教育优势互补，从而实现我国高等教育的健康长远发展。然而，我国目前高等教育资源共享还存在共享意识淡薄、共享利用率低、缺少完善的公共网络平台等问题，为教育资源的共享带来了阻碍。因此，应用型高校应该转变思想，加强共享意识，创新资源共享方式，从国家、区域、校级三个方面合作，建立高质量统一共享服务平台，为我国的高等教育事业添砖加瓦。

第三章　河南省新型基础设施建设情况

数字经济代表经济发展的新动能，数字经济的浪潮正在中原大地澎湃涌动。做好信息基础设施建设，推动实现基础设施现代化目标，是河南着力打好"四张牌"，加快数字经济崛起，实现高质量发展的基础。

习近平总书记指出："我国经济已由高速增长阶段转向高质量发展阶段。"推动经济社会高质量发展，更需要重视解决质的问题，加快新型基础设施建设就是迈向高质量发展的重要举措。

近年来，党中央、国务院高度重视新型基础设施建设，在多个重要会议多个文件中明确提出加快新型基础设施建设。2018年12月，在中央经济工作会议中首次提出新基建概念，提出要"加快5G商用步伐，加强人工智能、工业互联网、物联网等新型基础设施建设"。2019年3月，新基建任务被写入2019年《政府工作报告》，提出"加强新一代信息基础设施建设"。2020年，受新冠疫情全球蔓延、中美贸易战等多方面因素的影响，党中央、国务院在中央政治局会议、国务院常务会议等多个重要会议和重要文件中提及新基建，1月份的国务院常务会议，2月份的中央深改委第十二次会议、中央政治局会议、新冠肺炎疫情防控和经济社会发展工作部署会议，3月份的中共中央政治局常务委员会会议，4月份的国务院常务会议，5月份的政府工作报告，7月份的中央政治局会议均提出加快推进新型基础设施建设方面的若干事宜。

从中央和国家历次重要会议和文件中有关"新基建"的表述可以看出，新基建的内涵在不断丰富和完善，从最初的5G网络、人工智能、工业互联网扩增到数据中心、充电桩等。同时，国家也更加强调集约化建设，注重对存量和增量、传统基建和新基建发展的统筹考虑。从短期来看，受疫情的影响，2020年第一季度我国经济整体疲软，各项重要经济指标出现较为严重的下滑，传统拉动经济增长的"三驾马车"中，消费、投资和出口停滞不前，一季度GDP同比下降6.8%，出现自1992年公布GDP数据以来的第一次负增长。加快推进新基建能够在拉动内需、平复经济下行压力中，起到重要的"抓手"作用。从中长期看，传统基建增长已显出疲态，新基建领域代表着未来我国经济社会发展方向，对全社会的投资边际效用非常高。依靠带动作用更强的新基建，可以对传统的轨道交通、公共设施、电网等领域持续赋能，提高传统基建效率，促进转型升级。同时，新基建有利于刺激形成新型消费需求和经济新增长点。数字经济、数字社会、新一代信息技术等业态增长，将加速释放新能源汽车、远程医疗、电子商务等领域的发展潜力。因此，关于我国新基建的内在规律、面临风险及规避策略的研究对稳定我国经济增长、转变经济结构等方面具有重要的意义和价值。

第一节 新型基础设施建设内涵辨析

信息、物质与能量已成为人们维持生存和发展的不可或缺资源，而且人们对三者的需求，随着信息技术的发展发生了微妙的变化，已从最初对物质和能量的高度依赖，转为对信息资源需求的剧增。信息化的推进为国民经济和社会发展提供了重要支撑。

一、新型基础设施建设的内涵理解

与传统基础设施相比，新型基础设施在主体、内涵、范围等方面有很大差异，其自国家层面提出以来，一直受到学术界和投资界的高度关注。吴旭亮认为，与"铁路高速公路"等传统基础设施不同，新基础设施主要体现为代码、软件、标识、标准等虚拟形式，具有数字化、网络化、智能化的特点。黄群辉认为，新型基础设施是新型工业化的基础设施，不仅包括新一代智能信息基础设施，还包括与绿化有关的各类基础设施。盛磊等认为，新的建设是在数字化、智能化、网络化发展的背景下，为了适应5G、人工智能等的变化，需要以新技术革命为指导，以连接为基础，以计算为核心，面向现代化建设和数字经济发展的需要，认识、支持数据连接、融合、集成、分析、决策、实施、安全等各个环节，为智能产品和服务提供新一代数字基础设施系统。2020年4月20日，国家发改委在新闻发布会上对新基础设施的概念和范围进行了界定，认为"新建设"是以新的发展理念为先导，以技术创新为动力，基于信息网络、高质量的发展需求，提供数字化转型、智能升级、融合创新服务等基础设施体系，主要包括信息基础设施、融合基础设施和创新基础设施。

对新基础设施投资范围和规模的理解也存在差异。2019年3月2日，《央视新闻》报道了新的基础设施，包括5G基础设施、超高压、城际轨道交通、城际高铁、大数据中心、新能源汽车充电桩、人工智能和工业互联网等七个领域，每个领域还涉及多条供应链。据中国银行研究院估算，2020年，中国新基础设施七大重点领域的投资将达到1.2万亿元。据《21世纪经济》报道，截至2020年3月，新基础设施项目投资达到48.5万亿元，2020年计划投资可能超过8万亿元。然而，一些学者认为，将新基础设施分为七个领域并不完全合适。刘世进认为，与中央政府文件相比，一些媒体和研究机构列出的新基础设施中的七个领域的内容明显扩大。例如，超高压输电和城市地铁已经实施多年，很难将其纳入新的基础设施。国家发改委对新基础设施中所包含的信息、基础设施、创新基础设施整合等三个方面也做了详细解读，如主要包括5G中的信息基础设施、物联网、以互联网为代表的行业、以卫星互联网为代表的通信网络基础设施，以及以数据中心、智能计算中心为代表的电力计算基础设施等；综合基础设施包括智能交通基础设施、智能能源基础设施等；创新基础设施包括重大科技基础设施、科教基础设施和产业技术创新基础设施。与此同时，发改委还强调，新基础设施的范围在技术和工业革命后不会保持不变。

二、新基建与传统基建的关系

尽管新基础设施和传统基础设施在内涵、范围和推动经济增长的方式上存在差异，但两者并不是相互对立或分离的（见表3-1）。新基础设施不仅包括5G网络、人工智能、工业互联网、物联网、数据中心等"狭义"信息基础设施，还包括利用新一代信息技术对传统基础设施进行升级改造，即传统基础设施的数字化改造。例如，铁路、公路、机场和港口等传统基础设施将通过信息技术进行升级，使其更加智能、方便和高效。因此，从广义上讲，新基础设施和传统基础设施是相互联系、相互融合的。从投资驱动的角度来看，新基础设施与传统基础设施也存在一定差异。基础设施投资100亿元，新增基础设施投资将增加国内生产总值202.05亿元，比传统基础设施投资增加1.07亿元，增幅不到1%，投资乘数约为2。然而，GDP增长结构存在明显差异（见表3-2）。新基础设施带动的一、二、三产业增加值比重为"农业（7.55%）、工业（41.58%）和服务业（50.87%）"；传统基础设施带动的各产业增加值比重为：（农业：工业：服务=7.50%：45.01%：47.49%）。与此同时，新的基础设施将推动更多的子部门。这主要是因为新的基础设施通常需要在信息技术设备、研发和设计以及业务设备方面进行投资，这可以推动更多子行业的增长。可以看出，与传统基础设施相比，新基础设施促进农业和服务业的作用更为显著，可以带动更多子部门的增长，实现"包容性"经济增长，有利于解决产能过剩问题，推进供给侧结构性改革。总体而言，社会各界对新基础设施的内涵和范围等没有达成一致意见，但国家发改委对新基础设施的范围和内涵的描述相对准确,新数字经济建设是发展的核心。为了更好地促进我国经济社会转型升级,加快产业高端化、高质量化和经济发展,其内涵和范围将随着数字经济的发展而演变。此外,新基础设施不是传统基础设施的升级版本,也不是新的刺激投资政策。两者相互联系、相互融合,传统基础设施的数字化升级也是新基础设施建设的一部分。

表3-1 传统基建与新基建的主要差异

差异	传统基础建筑	新型基础建筑
包含领域	铁路、公路、桥梁等	5G网络、工业互联网、人工智能等
服务对象	服务人流和物流,重在提供有形的生产资源和要素	承载信息流和数据流,重在提供无形的数据和信息资源
技术经济特征	资本密集型行业,技术进步空间较小	技术迭代快,上游技术进步对新基建的服务质量和水平有较大影响
应用场景	主要提供公共产品和公共服务,支撑农业、制造业等传统产业发展	为数字经济和"互联网+"经济的发展提供基础和保障

表3-2 新基建与传统基建拉动经济增长的效果比较

产业比较	资本形成投资（假设投资100亿元）		拉动GDP增长（亿元）		各产业新增增加值占比（%）	
农业	0	0	12.25	15.07	7.55	7.50
工业	75	90	87.02	90.46	41.58	45.01
服务业	25	10	102.78	95.45	50.87	47.49
合计	100	100	202.05	200.98	100	100

(资料来源:根据《新基建赋能中国经济高质量发展的路径研究》整理)

三、新型基础设施建设特征

这里主要分析新基建有别于其他基础设施的一些特点:

（一）信息驱动

与处理物质和能量流动的传统基础设施不同，信息基础设施以信息处理为中心。

（二）加强人际网络

信息基础设施网络比道路、供电等基础设施网络更强大，互联要求更高。节点和连接的数量、质量和结构形式更加复杂，相互融合的趋势更加明显，技术体系更加全面。

（三）规模要求更高

信息基础设施类似于铁路和电力供应等传统基础设施的自然垄断，只是其范围、规模和技术进步的影响更大。为了实现规模经济，信息基础设施需要更大规模的网络信息流、内容和服务群体。

（四）外部性

信息基础设施的外部性主要表现为网络外部性和需求规模经济。简单地说，随着越来越多的人购买或消费产品或服务，其效用也会增加。例如，信息基础设施的一部分在内容、功能和连通性方面的改进会对网络的其他部分产生积极的溢出效应。

第二节 新型基础设施建设特征及发展规律

新型基础设施不仅具有传统基础设施的共性，如开拓性、基础性、准公共物品等，而且具有快速迭代、无处不在的支持、集成创新和智能引导等特点，具有不同于传统基础设施的独特发展规律。

一、竞争程度高，投资需求高，新基础设施的市场失灵不明显

"铁路公共基础"等传统基础设施一般具有投资规模大、投资回收期长、经济外部性和公共产品属性强、市场失灵明显等特点。新基础设施属于ICT领域，投资热情高、技术创新快。除5G、卫星互联网等具有自然垄断性质的信息基础设施外，数据中心、云计算、人工智能、区块链、物联网等基础设施市场竞争激

烈，资本投资活跃，市场失灵不明显。从产业发展的实际情况来看，制约产业创新的不存在短缺，甚至存在比较明显的过剩。以数据中心为例，自 2010 年以来，中国电信运营商、专业企业和地方政府开始大规模建设数据中心，形成了竞争激烈的数据中心市场，涌现了一大批数据中心园区。据赛迪统计，截至 2019 年，中国数据中心数量约为 7.4 万个，约占全球数据中心总数的 23%，数据中心机架规模达到 227 万个，产能严重过剩。因此，从产业发展的实际出发在新的基础设施领域，市场机制是有效的，产业创新不缺乏障碍。

二、创新迭代快，生存周期短，新基础设施的技术形式不断演变

传统基础设施技术成熟稳定，技术迭代慢，生命周期长。铁路、公路和机场的使用寿命可达 100 年以上，并可通过升级和维护不断延长其功能。新的基础设施属于快速技术迭代的循环，通常持续大约十年。在摩尔定律的推动下，芯片的性能每 18 个月翻一番，计算和存储等关键设备每 3~5 年就会成为一代技术，并迅速过时。从 1G 到 5G 每十年需要一代人，如果不考虑基站建设的投资回收期，升级速度会更快。此外，新技术的不断出现也对现有技术体系构成了替代性挑战。例如，边缘计算的兴起可以有效解决数据集中带来的个人隐私、数据安全、网络延迟等问题，挑战中国主流大型数据中心建设模式，为业务创新提供更多的技术路径选择。因此，可以适当地推进传统基础设施，因为它在未来将一直被使用；新建工程必须适度，因为闲置意味着过时。

三、投资驱动力薄弱，创新链较长，发挥新基础设施作用的机制更复杂

传统基础设施的一个显著特征是"投资驱动效应"。单个项目的投资规模可达数百亿元，可以快速带动上下游相关产业，解决大量就业问题。新基础设施的作用主要体现在"创新赋权效应"中。单个项目的投资规模一般为数亿元，属于技术密集型产业，对投资和就业的促进作用有限，短期内难以立竿见影。新基础设施的真正创新授权取决于上下游产业的协同创新、创新要素的有效配置和重要应用场景的成熟度。以 5G 为例，投资主要集中在少数技术服务提供商和电信运营商。其巨大的创新赋能效应尚未释放，因为重量级和成熟的应用场景尚未形成。因此，传统基础设施是一个大型线路布局，而新的基础设施是完善和创新的。只有设施的供给方和业务创新方共同努力，才能有效。

四、建设周期短，分解性强，新基础设施弹性扩展能力强，满足需求量大

传统基础设施建设周期长，一般为五年左右。如果再加上实地调查和选址论

证,整个建设周期将达到十年以上。此外,传统基础设施是高度集中不可分割的。例如,一条道路只有在完全运行时才有效。这就决定了必须整合传统基础设施。新基础设施的技术建设周期相对较短,尤其是在不考虑配套土建内容的情况下,数字部分的综合建设和部署时间约为一年甚至更快。同时,新的基础设施是可分解的。例如,5G可以在小范围的热点需求领域优先考虑,数据中心可以根据需要分阶段投入运行,并且有许多替代方案可以满足需求。因此,新的基础架构具有快速扩展以满足业务需求的灵活性,它不应该脱离实际业务需求,可以更准确、更灵活、更随需应变地构建。

第三节 中国互联网的发展

"更严峻的选择和更严重的后果"时期,互联网应用在我国得到了快速发展,进入"差异化"后,互联网应用稳步增长,对于人类社会来说,互联网的发展程度越先进,越有利于数字经济的发展,因此,互联网应用的稳定发展时期是数字经济发展的重要机遇。具体来说,以基础应用和商业交易应用为例,即时通信、搜索引擎、远程办公、网上购物、在线支付等应用在2016年至2020年都在稳步增长。

一、互联网基础资源

(一)互联网基础资源概述

根据中国互联网络信息中心2021年2月发布的第47次中国互联网络发展状况统计报告可知,截至2020年12月,我国IPv4地址数量为3.9亿个左右,IPv6地址数量为57 634块/32。我国域名总数为4198万个。其中,".CN"域名总数为1 897万个,占我国域名总数的45.2%。国际出口带宽为11 511 397 Mbps,较2019年底增长30.4%。

表3-3 2019.12—2020.12 互联网基础资源对比

	2019年12月	2020年12月
IPv4[13](个)	387 508 224	389 231 616
IPv6[14](块/32)	50 877	57 634

续表

	2019 年 12 月	2020 年 12 月
域名[15]（个）	50 942 295	41 977 611
其中.CN 域名（个）	22 426 900	18 970 054
国际出口宽带（Mbps）	8 827 751	11 511 397

（资料来源：第 47 次中国互联网发展状况统计报告）

（二）IP 地址

我国 IPv6 地址数量从 21358 块/32（2015 年 12 月）为增值至 57634 块/32（2020 年 12 月）。总体来说，IPv6 地址数量增长比较平稳，从 2017 年到 2018 年迎来了一波较快的增长，2020 年 12 月较 2015 年增长了 169.85%，较 2019 年底增长 13.3%。

表 3-4　IPv6 地址数量　　　　　　　　　　单位：块/32

年份	数量	增长率
2014	21 358	—
2015	23 207	8.66%
2016	23 835	2.71%
2017	26 160	9.75%
2018	43 985	68.14%
2019	50 877	15.67%
2020	57 634	13.28%

（资料来源：第 47 次中国互联网发展状况统计报告）

相对于 IPv6 地址数量，我国 IPv4 地址数量变动率不大，2014 年共有 37 975 万个，2020 年 12 月增加到 38 923 万个。

表 3-5　IPv4 地址数量　　　　　　　　　单位：万个

年份	数量	增长率
2014	37 975	—
2015	38 470	1.30%
2016	38 565	0.25%
2017	38 641	0.20%
2018	38 584	-0.15%
2019	38 751	0.43%

（资料来源：第47次中国互联网发展状况统计报告）

（三）域名

截至 2020 年 12 月，我国域名总数将近 4 200 万个。其中，占比最大的是".CN"域名，共有 1 897 万个，占我国总域名数量的 45.19%；其次是".COM"域名，共有 1 263 万个，占我国总域名数量的 30.09%；再次是".NEWgTLD"域名，占我国总域名数量的 17.74%，具体见下表所示。

表 3-6　2020 年分类域名数量一览表

域名	数量（个）	占域名总数比例
.CN	18 970 054	45.19%
.COM	12 630 968	30.09%
.中国	1 703 082	4.06%
.NET	938 792	2.24%
.OPG	145 656	0.35%
.INFO	31 445	0.07%
.BIZ	21 583	0.05%
.NEWgTLD	7 446 046	17.74%
其他	89 985	0.21%

续 表

域名	数量（个）	占域名总数比例
合计	41 977 611	—

（资料来源：第 47 次中国互联网发展状况统计报告）

表 3-7　2020 年分类 ".CN" 域名数

域名	数量（个）	占域名总数比例
.CN	16 274 907	85.79%
.COM.CN	2 136 939	11.26%
.NET.CN	285 579	1.51%
.OPG.CN	150 747	0.79%
.ADM.CN	85 281	0.45%
.GOV.CN	17 930	0.09%
.AC.CN	12 341	0.07%
.EDU.CN	6 422	0.03%
其他	181	0.00%
合计	18 970 054	—

（资料来源：第 47 次中国互联网发展状况统计报告）

四、国际出口带宽

我国国际出口带宽数稳步增长，从 2014 年的 4 118 663 Mbps 增加到 2020 年的 11 511 397 Mbps。其中，中国电信、中国联通和中国移动的国际出口宽带数达 11 243 109 M，中国科技网国际出口宽带数达 114 688 M，中国教育和科研计算机网达 153 600 M。

二、互联网资源应用

(一) 网站

从 2014—2020 年我国网站数量有所波动,从 2014 年的 335 万个上升到 2017 年的 533 万个,后有所下降,到 2020 年 12 月为止,域名注册者在中国境内的网站数量达 443 万个。

表 3-8　2014—2020 年我国网站数量一览表

年份	网站数量(万个)
2014	335
2015	423
2016	482
2017	533
2018	523
2019	497
2020	443

(资料来源:第 47 次中国互联网发展状况统计报告)

(二) 网页

不同于网站数量的波动,我国网页数量从 2014 年至 2020 年平稳上称,从 1 899 亿个,上升到 3 155 亿个,增长率达 66.14%。

(三) 移动互联网接入流量

我国移动互联网流量从 2014 年至 2016 增长较为缓慢,到 2017 年为止,实现了爆发式的增速,从 245.9 亿 GB 增加到 1656 亿 GB,增长率高达 573.45%。近几年,移动互联网的流量和 2014 年已经有了质的变化。

三、互联网发展应用情况

（一）基础应用类应用

1. 即时通信

从 2016 年 12 月到 2020 年 12 月，我国即时用户稳步增加，从 66 628 万元增加到 98 111 万元，使用率从 91.1% 增加到 99.2%，基本达到了全覆盖。

即时通信在 2019 年冠状病毒疾病流行期间继续成为互联网应用的第一，并继续商业化服务和专业化产品。

在服务商业化方面，即时通信企业通过多种方式进一步增强了产品的流动性。首先，"视频号"拓宽了即时通信平台的内容实现形式。长期以来，文本、图片和音频作为即时通信内容的主要形式，面临着传输成本高、内容丰富性不足的问题。短视频作为一种新的内容传播形式，很好地解决了上述问题，吸引即时通信平台推出了"视频号码"功能。在推出后的六个月内，该功能的每日活跃用户超过 2 亿。第二，"小店"为即时通信平台拓展在线零售能力。微信在 2020 年下半年推出了"小店"功能，为企业和个人提供免开发、免成本的网店。在冠状病毒爆发背景下，这种在线"共享经济"有望成为传统电子商务平台的有力补充。第三，搜索广告有望成为即时通信平台的新收入来源。随着即时通信平台内容量的不断增加，单纯依靠订阅推送机制来满足用户对海量信息的需求越来越困难。在这种背景下，9 月，微信将 soso 功能构建成一个对话框，让用户更容易在平台内搜索内容和服务。未来，随着即时通信广告业务的不断发展，搜索广告也有望融入其商业生态系统。

在产品专业化方面，即时通信企业进一步拓展了垂直群体的功能，提升了垂直群体的体验。一是企业即时通信产品和云服务的融合。2019 年一些主要的公司推出了企业即时通信产品，在 2020 上半年推动了该行业的爆炸式增长。然而，即时通信产品主要在企业信息交流中发挥作用，难以满足企业在设备、技术等方面的需求，无法帮助企业完成全面深入的数字化转型。在此背景下，一些大型科技公司正在将企业即时通信与云服务融合，使其成为连接企业需求和云能力的中间节点，为企业提供更全面的数字支持。二是教育领域即时通信产品的定制开发。现有即时通信产品的内容和娱乐功能可能会对未成年人的学习产生不利影响。针对痛点，即时通信产品（如微信）的用户开始开发针对学生和儿童需求的定制产品，并为家庭学校制作、在线学习（如场景优化），为未成年人提供简单、纯粹、有效的学习工具，使未成年人在使用即时通信的过程中免受不良信息的干扰。

2. 搜索引擎

从 2016 年 12 月到 2020 年 12 月，我国搜索引擎规模稳步增加，从 60 238 万元增加到 76 977 万元，到 2020 年为止，近八成的网民用户参与了搜索引擎，这对数字化的发展和普及有重要的意义。

搜索引擎行业整体营收下滑，寻找新的增长点成为当务之急。2020 年上一年度，百度的在线营销收入同比下降了 9.1%，而搜狗和其相关收入同比下降了 16%。搜索广告收入增长已进入瓶颈期，成为行业持续健康发展的难题。与此同时，社交网络和购物等具有特定需求的应用程序吸引了大量流量，搜索的入口优势也显著削弱。为了应对这一困境，搜索引擎企业加快内容和服务生态的布局，加快人工智能的商业化，开拓市场，进入新的发展轨道。2020 年，百度收入多元化趋势明显。云服务、视频会员服务、人工智能业务收入规模持续增长，自动驾驶业务被资本市场认可，市值突破 600 亿元。搜狗智能硬件产品销售收入也保持快速增长，第三季度同比增长 66%。

搜索市场的激烈竞争促进了搜索业务功能和定位的差异化。首先，市场参与者继续加剧竞争。2020 年 9 月，腾讯全资收购搜狗，将外部互联网资源引入微信内容生态，提升腾讯在搜索领域的竞争力。11 月，头条搜索整合拜登的各种新闻和视频产品，全面布局搜索广告市场。未来，搜索服务将在技术研发、产品形式和用户体验方面进行更多创新。其次，多样化的搜索格式在不同企业的生态布局中发挥着不同的作用。独立搜索是整个网络的内容入口，主要负责指导流量和收入功能，为其他业务发展提供流量和资金支持；应用内搜索面向生态系统内部，将内容和服务连接起来形成一个闭环，带来了大数据沉淀等多种收益。在独立搜索领域，百度的主要收入来源仍然是关键词广告；长期以来，搜狗的搜索业务收入占总收入的 90% 以上。在应用内搜索方面，微信搜索主要是微信的内置服务，为用户提供社交网络、购物和当地生活服务的连接，但由此产生的广告收入所占比例相对较低，未来的商业化方向将不同于传统的综合搜索引擎。

3. 网络新闻

从 2016 年至 2020 年，我国的网络新闻用户规模稳步增长，从 61 390 万人增长到 74 274 万人，使用率有所降低从 84.0% 降低到 75.1%，但是总数呈现上升趋势。

表 3-9 2016.12—2020.12 网络新闻用户规模及使用率

日期	用户规模（万人）	使用率
2016.12	61390	84.0%
2017.12	64689	83.8%
2018.12	67473	81.4%
2020.03	73072	80.9%
2020.12	74274	75.1%

（资料来源：第 47 次中国互联网发展状况统计报告）

2020 年，网络新闻媒体将适应时代发展的需要，不断创新报道形式，为用户带来更直观、更详细的新闻体验。同时，网络新闻媒体还通过创建视频传输矩阵，进一步加强媒体整合，提高用户黏性，提升用户体验。

网络新闻媒体创新报道形式，为用户带来更直观、更详细的新闻体验。2020 年初，武汉媒体集团采用"慢活"的方式报告火神山和雷神山医院的建设，引发了社会各界对"云监测"的热潮，吸引了 1 000 万多名参加者。近年来，防汛抗洪关键时期，人民日报《图文新闻》通过"镜像""长"中，清查自 6 月以来，国家防汛抗旱指挥部、应急管理部等部门的应急部署，以及福建、广东、广西、湖南、江西省五个省份中受灾较为严重的洪灾形势和减灾救灾工作。2019 年以来，腾讯新闻、百度等商业网站一直积极跟进疫情，通过建立实时跟踪网页，为用户提供可视化信息服务，有效应对疫情的反弹。新浪新闻、人民日报全国党报媒体信息公共平台、文化旅游中国和当地媒体，联合推出"2020 爱一个城市"区域直播计划，通过打造区域直播平台，展示各地区复工生产和经济复苏的场景。"爱上一座城市"活动自推出以来一直备受关注，其中微博主题"#2020 爱上一座城市"的阅读量超过 1 383 万次。

网络新闻媒体顺应时代发展的需要，构建新闻传播矩阵。2020 年 9 月，中共中央办公厅、国务院办公厅发布《关于加快媒体融合深入发展的意见》，为媒体融合的发展指明了方向。近年来，随着媒体融合的不断发展，网络新闻媒体的转型进一步加快，网络新闻用户的需求有效得到满足，用户黏性进一步提高。许多媒体根据用户喜好，及时跟踪时事和热点，继续孵化特色栏目，创建传播矩阵。一是将网站和移动应用程序建设成信息中心和意见中心，不断输出新闻和意见。二是以视频账号为基础，形成热门栏目，并在 Bilibili、微博等视频网站和社交媒体平台上实时推送，效果良好。以冠城为例，它在 Bilibili 上的同名账户拥有超过 1 亿个赞。

4. 远程办公

截至 2020 年 12 月，中国远程办公用户已达 3.46 亿，比 2020 年 6 月增加 1.47 亿，占互联网用户总数的 34.9%。2021 年上半年远程办公市场的规模一直在增长，下半年，远程办公应用市场规模仍保持快速增长，呈现生态发展趋势，对保障稳定就业、帮助建立和完善"新就业形势"发挥了重要作用。

远程办公用户规模保持高速增长，反映出远程办公已经得到企业用户的广泛认可，逐渐向基础应用方向沉淀，并融入企业的经营活动。在 COVID-2019 冠状病毒疾病预防控制的背景下，越来越多的企业建立了科学完善的远程办公机制。企业微信用户数量从 2019 年底的 6 000 万增加到 2020 年 5 月的 2.5 亿，12 月增加到 4 亿。2020 年 9 月至 12 月，电话会议每天使用 108 分钟，与上半年基本持平，成为企业的正常应用。

远程办公应用正朝着平台生态的方向发展。一是免费开放基本功能，培育用户习惯，为生态发展奠定市场基础。截至 2020 年 12 月，视频或电话会议的使用率为 22.8%，在线文档协同编辑为 21.2%，在线任务管理或流程审批为 11.6%，企业云硬盘为 9.4%，不同细分功能的使用率存在显著差异。用户规模的稳步扩大和行业个性化需求的增长将共同推动远程办公应用平台的开放，以容纳更多的垂直功能接入，实现生态互联。二是处理能力的快速提升，为生态建设奠定了软硬件基础。在恢复工作和生产的过程中，远程办公的需求激增，极大地促进了远程办公服务功能和处理能力不断提高。此外，我国 5G 网络、大数据中心、人工智能和工业互联网等新基础设施建设不断加快，企业应用硬件和软件基础能力大幅提升，为远程办公生态建设加强海量数据处理，云存储和云计算、多程序访问和其他关键功能提供了支撑。

远程办公有助于形成和改善"新的就业形势"。远程办公通过增加整个社会的就业灵活性，提高劳动参与率，为"新型就业"的发展提供保障，在保障和稳定就业方面发挥着重要作用。首先，远程办公促进了传统就业方式的创新。与传统就业相比，远程办公具有显著的成本和效率优势。新冠肺炎疫情流行期间，远程办公有助于企业突破传统的就业方式的束缚，实现"远程工作"和"移动办公"，从而使企业保持正常的内部运作，保持与外界的联系与合作。研究表明，使用远程办公的公司的总生产率提高了 20% 至 30%，而每个远程办公员工每年为公司节省约 1.4 万元人民币。随着技术进步和用户接受度的提高，远程办公将继续发挥更高效、更具成本效益的作用。其次，远程办公为基于数字技术的新工作提供了重要支持。新冠肺炎疫情后已经出现了新的职业，如在线传输运营商，它们高度分散、灵活和自主，高度依赖数字技术。远程办公应用可以打破地域限制，丰富组织成员之间的合作方式，重组组织的运营流程，为新工作提供便捷高效的数字工具，促进"新就业形势"的发展，促进数字化转型升级。

二、商务交易类应用

（一）网络购物

从 2016 年 12 月到 2020 年 12 月，我国网络购物用户规模稳步增加，从 46 670 万户增加到 78 241 万户，使用率从 63.8%增加到 79.1%，到 2020 年 12 月为止，已经有近八成的网民用户进行过网络购物，这对数字经济的发展有极大的促进作用。

2020 年，我国加快形成以国内大循环为主体，国内外双循环相互促进，网上零售新的发展模式，不断培育消费市场新动能，并将消费能力转化为生产和创新能力，通过电力消费的"量"和"质"的增长，实现"二元"升级，以支撑消费。

首先，在国内消费周期方面，电子商务激活了城乡消费周期和闲置商品流通。随着城乡市场电子商务基础设施和服务的不断完善，城乡之间工农业产品的商品和信息流动进一步高效、顺畅。一方面，电子商务平台通过迷你节目和流媒体直播加速渗透，以满足中低收入群体的基本消费需求。另一方面，借助"产地仓+卖场仓"、产地直播、渠道联动等电商模式，加快农产品销售速度。2019 冠状病毒疾病加速了以二手消费为代表的消费模式的转变，闲置经济的发展为商品流通提供了新的动力。截至 2020 年 10 月，根据工商部门登记，中国新增闲置商品销售相关企业已达 13 万家，比去年增长 50%。截至 2020 年 12 月，二手电商用户已达 5 266 万。二手电子商务通过吸引更多个人消费者参与消费的内部流通体系，加速了商品的二次流通。

第二，在国际和国内流通方面，跨境电商对外贸起到了稳定作用，自由贸易协定促进了对外开放。2020 年，跨境电商逆势而上，成为疏通贸易的重要渠道。数据显示，2020 年，中国跨境电商进出口总额达到 1.69 万亿元，增长 31.1%。全国新增跨境电商试点 46 个，新增跨境电商"9710"和"9810"B2B 出口模式，方便通关。2020 年 11 月，区域全面经济伙伴关系（RCEP）签署，成为世界上最大的自由贸易协定。RCEP首次在亚太地区达成全面、高水平的诸边电子商务规则,包括推广国家间的电子商务合作、网络消费者权益的保护和监管政策的完善,不仅为跨境电子商务提供重大利益,而且进一步推动了国际国内开放双循环格局的形成。

第三,网络零售成为企业数字化转型的第一步,使产业带实现商品与销售的融合。要实现"双循环",不仅需要激活消费需求侧的潜力,还需要促进产业升级,形成供给匹配需求。网络零售在消除国内"强生产、弱销售;强制造、弱品牌"的行业发展制约方面发挥了积极作用。一方面,网络零售通过帮助企业增加销售额,成为传统产业转型升级的重要工具。另一方面,电商平台加快产业带资源整合,促进产业柔性制造和品牌化发展。在出口转内销、产业升级的背景下,全国多个产业带的中小企业利用网上零售的逆向定制模式,通过电子商务的消费数据指导产品设计和生产,实现快速配送、小批量生产,促进本土新品牌崛起和产业数字化升级。

(二)网上外卖

从2016年12月到2020年月,网上外卖的用户数量有了极大提升,从20 856万人增加到41 883万人,增长率达100.82%;使用率也从28.5%增加到42.3%。

表3-10 2016.12—2020.12 网上外卖用户规模及使用率

日期	用户规模(万人)	使用率
2016.12	20 856	28.5%
2017.12	34 338	44.5%
2018.12	40 601	49.0%
2020.03	39 780	44.0%
2020.12	41 883	42.3%

(资料来源:第47次中国互联网发展状况统计报告)

由于新冠肺炎疫情的影响,食品运输业务成为美团2020年度收入的重要保证,其战略地位更加明显。同时,美团继续投资数十亿美元补贴,加速其向下沉市场的扩张,外卖市场的竞争变得越来越激烈,这导致了市场的一系列新变化。

一是加快形成本地生活方式服务生态系统。外卖业务积累的重要资产,如数千万用户、数百万商户和分销系统,正逐渐成为平台构建本地生活服务生态系统的基石。2020 年,美团继续实施"高频、低频"发展战略,利用外卖服务带动酒店旅游、旅游等业务,加快对当地生活服务领域的战略投资,逐步形成规模效应。美团还在 2020 年 7 月宣布,将从食品配送平台升级为"提供即时需求"的生活服务平台,即时配送服务的范围将扩大到新鲜食品、杂货和鲜花。可以预见,从外卖应用开始,平台可以实现点、线、面、体的综合数字生活服务生态,有助于推动数字服务业成为经济增长的新动力。

第二,启动下沉市场服务模式创新。自 2020 年 3 月以来,美团已在全国 100 多个三四线城市加快布局,美团也将下沉市场作为战略重点。平台竞争加速了用户在不断下滑的市场中的发展。数据显示,在 2020 年的"双 11"期间,美团在许多三五线城市实现了 100% 以上的同比增长,在近 40 个地级城市实现了 50% 以上的同比增长。与此同时,外卖用户的结构也发生了变化:截至 2020 年 12 月,三线及以下市场的外卖用户规模较 2020 年 3 月增长了 7.7%,显著高于一线及二线市场的增长率(1.1%)。平台在下沉市场的有序竞争,不仅能满足本地市场用户的差异化需求,还能促进本地服务业模式创新和数字化升级。

三是加快上游餐饮企业数字化转型。新冠肺炎疫情将加速餐饮业的数字化进程,外卖将成为促进餐饮业转型的重要手段。除了激烈的用户端竞争外,配送平台还试图通过技术和模式创新赋予餐饮业务端权力,在企业服务市场寻求新的发展机遇。外卖平台加快了行业上游的渗透和服务扩张,有助于推动餐饮业进一步向标准化和品牌化升级。

(三)网络支付

从 2016 年 12 月到 2020 年 12 月,我国网络支付用户规模稳步增加,从 47 450 万户增加到 85 434 万户,使用率从 64.9% 增加到 86.4%,到 2020 年 12 月为止,已经有近九成的网民用户进行过网络支付,这对日后数字货币的发展和普及有重要的意义。

2020 年,在线支付显示出巨大的发展潜力。通过整合供应链服务,帮助商家精准推送信息,帮助中国中小企业实现数字化转型,有力推动数字经济发展。移动支付与普惠金融深度融合,通过大众化应用缩小了东西部、城乡差距,促进了数字红利向公众的普遍受益,有效提升了金融服务的可获得性。数字人民币试点工作全面展开,中国在试点过程中处于世界领先地位,这将有助于促进人们的数字生活。

在线支付帮助中小企业实现数字化转型。由于新冠肺炎疫情的影响，中国中小企业正在加速数字转型进程，其中在线支付起着关键作用。首先，在线支付为中小企业数字化建设提供了供应链接口。89%的中国中小企业受到自身实力和资源的限制，数字化转型仍处于探索阶段。在线支付通过增强中小企业的数字化生存能力，为中小企业提供信息流、物流、资金流服务，如小项目接入、物流信息对接、供应链金融等，我们可以通过数字化来提高中小企业的质量和效率。第二，在线支付开放精准营销界面，帮助商家进行数字化运营。随着疫情防控工作取得积极进展，实体企业借助在线支付平台导入线上流量，准确向消费者推送促销信息，提供便捷的数字服务，实现线上线下消费一体化。以消费券的发行为例，在线支付系统与商户结算系统相连，通过客流量监控和算法分析，随时调整优惠券的发行群体和范围，大大提高了在线用户线下消费的比例。

移动支付的包容性发展将缩小地域分布差距。随着人工智能、大数据、5G等新一代信息技术的快速发展，数字技术与普惠金融的融合正在深化。移动支付作为数字普惠金融的重要工具，提高了普惠金融服务的便利性和可用性，缩小了区域发展不平衡和城乡数字鸿沟。首先，东西部地区在使用移动支付方面的差距已经缩小。2011年至2018年，移动支付打破了传统的"黑河－腾冲分界线"，东西方金融服务可用性差距缩小了15%。截至2020年12月，华东地区移动互联网用户移动支付使用率为86.5%，比2020年3月提高1.1个百分点；西部地区移动互联网用户移动支付使用率为85.9%，比2020年3月提高2.2个百分点。东西部地区移动支付使用率差距进一步缩小1.1个百分点。二是城乡移动支付使用差距缩小。截至2020年12月，中国城市移动互联网用户移动支付使用率为89.9%，比2020年3月提高0.5个百分点；农村移动互联网用户移动支付使用率为79.0%，比2020年3月提高4.2个百分点。城乡移动支付使用差距缩小3.7个百分点。

数字人民币是在移动支付技术的帮助下试点的。《中共中央关于制定国民经济和社会发展第十四个五年计划和2035年远景目标的建议》提出要稳步推进数字货币的研发。商务部下发《关于印发全面深化服务贸易创新发展试点总体规划的通知》，明确在京津冀、长三角、粤港澳大湾区和中国中西部符合条件的试点地区。在流通方面，中国人民银行发行的数字人民币从取代流通现金开始，采用两级分销模式，有效维护了金融市场的稳定。在应用方面，中国的数字人民币试点进程领先世界。测试内容侧重于零售支付场景，涵盖日常生活的多个领域，兼容条码支付、近场支付等多种支付方式。目前，深圳和苏州两个试点城市已率先开展数字人民币红包试点，并取得初步成效。

三、公共服务类

（一）网约车

2020年，随着疫情防控工作取得积极进展，打车用户需求触底反弹，市场逐步恢复并进入有序发展状态。随着新技术的成熟，打车自动驾驶业务逐步开放，引领智能出行生活方式。在科技赋能的基础上，为践行绿色集约发展理念，网上租车综合新能源被提上日程，全行业继续探索高质量发展道路。

从用户规模来看，网上租车需求反弹并增加，加速了市场复苏。由于新冠肺炎疫情的不确定性，如办公人员集中办公，公众对乘坐安全保障的信心不足，乘坐次数也大幅减少。到2020年6月，中国的叫车用户数量降至3.4亿，相当于2019年同期的84.1%。随着疫情防控取得积极进展，公众对打车的需求有所增加。2020年下半年，中国打车用户迅速反弹，较上半年增长7.4%。

在技术发展方面，网上叫车应用自驾技术迎来了一个发展机遇期。随着无人驾驶技术的成熟，打车公司的应用已进入试验阶段。在过去的两年里，我国出台了一系列政策来支持自动驾驶行业的发展，出租车公司也积极安排和实施了这些政策。2020年，广州、上海、武汉、北京等城市逐步取消自主驾驶载人试验许可证。滴滴出行和百度已经在广州、上海、北京等地为公众测试了自动驾驶出租车服务。

在社会效益方面，打车公司以各种方式帮助城市节约能源和减少排放。研究表明，如果城市采用自动化、电气化和共享交通，那么它们的交通排放量最多可以减少80%。在政策指导下，到2020年底，中国的出租车行业将完全以新能源为导向。例如，深圳要求从2021起纯电动汽车用于乘驾服务，而大连则要求新能源汽车在2025乘骑服务。同时，在集约化发展理念下，打车平台创新出行模式，调整定价策略，如通过优化分乘路线算法减少绕行时间，从而提高汽车分乘率，优化城市交通容量，减少废气排放。

（二）网络教育

2020年，由于疫情的影响，教育信息化得到了进一步的发展，许多机构和资金进入了网络教育领域，促使更多用户获得了公平、个性化的教学和服务。

为了更好地促进教育公平，支持教育现代化，教育信息化已进入整合创新阶段。一是学校网络基础环境实现了全覆盖。截至 2020 年 11 月底，99.7%的中小学（包括教学网站）已接入互联网，98.7%的学校拥有 100 米的出口带宽。其中，52 个贫困县实现了学校网络全覆盖，99.7%的学校实现了 100 Mbit/s 带宽。二是优质资源供给和教学应用水平显著提高。教育部实施"农村教学网站数字教育资源全覆盖"项目，推广"三班"应用，连续六年开展"一师一优一班"活动，基本形成利用信息技术扩大优质教育资源覆盖的有效机制。三是大型网络教学活动顺利开展。新冠肺炎疫情后，我国开启了全国中小学云平台，方便学生学习，促进全社会教育信息化意识提升。

各类院校加快布局，网络教育行业竞争激烈。2020 年，网络教育产业获得良好的发展机遇，吸引众多机构和资本进入。数据显示，2020 年 1 月—10 月，中国网络教育企业增加 8.2 万家，占整个教育行业的 17.3%。1 月—11 月底，网络教育行业共披露融资事件 89 起，融资总额 388 亿元，同比增长 256.8%。一方面，在线教育行业的潜力继续吸引着大型互联网公司，另一方面，更多的传统教育和培训机构正在逐步拓展在线业务。

（三）在线医疗

截至 2020 年 12 月，在线医疗用户数为 2.15 亿，占互联网用户总数的 21.7%。冠状病毒疾病凸显了在线医疗的优势，并为该行业带来了重要的发展机遇。

政府继续鼓励扩大网上医疗服务，促进线上线下医疗服务协调发展。近年来，国家卫生健康委员会、原卫生部等相关单位发布了一系列通知和指引，推动互联网医疗加速应用，行业前景广阔。在医疗服务层面，探索推广互联网医疗保险首诊制和预约分流制，通过创新服务模式提高服务效率，满足日益增长的医疗卫生需求。在医疗层面，处方药允许在第三方平台上销售，以确保远程会诊后在线药品购买的连续性。在医疗保险层面，规定符合条件的互联网医疗机构可以通过其附属实体医疗机构自愿"签约"纳入指定的医疗保险范围。"互联网+"医保支付将采用线上线下相同的报销政策。截至 2020 年 10 月底，中国已有 900 多家互联网医院，远程医疗合作网络覆盖所有地级市，5 500 多家二级以上医院可提供在线服务。

各大互联网公司积极布局在线医疗服务，构建完整的医疗服务生态。各大企业在提供市场现有产品和服务的同时，结合自身优势，提高医院和政府的参与度，合作开辟网上"医保"渠道，实现联动。一是以医药电子商务为核心，拓展医药卫生领域上下游布局。以京东健康为代表的企业，依托电商资源优势发展药品零售业务，同时利用技术优势延伸业务线，引导用户群体享受网上医疗卫生服务。二是充分发挥"连接"功能，利用流量优势激活线上线下医疗资源。以腾讯医疗为代表的企业通过对外投资合作，将医疗产品渗透到细分的应用场景中，同时利用微信生态资源提供在线医疗服务。第三，依靠商业保险用户提供在线医疗服务。以平安好医为代表的企业，依托中国平安保险资源，与拥有专业医生团队的线下医疗机构形成紧密合作模式，使平台在会诊、挂号等线上医疗服务方面具有更多优势。

网络医疗用户的普及率不断提高，使用行为多样化。首先，用户组扩展到所有年龄组。从年轻人到所有年龄段的人，在线医疗变格正被更广泛的用户所接受。截至 2020 年 12 月，40 岁以上的用户占所有在线医疗用户的 40.4%。其次，咨询范围已扩大到三四线城市。截至 2020 年 12 月，三四线城市网民在线医疗使用率分别为 19.8% 和 20.8%，比 2020 年 6 月增长 5.5 个百分点，增速最快。在线医疗被用户认可为线下医疗的辅助手段，具备分流功能，公众信任度提高，咨询疾病种类多样化。目前，在线医疗服务主要在健康咨询、慢性病回顾、疾病指导等方面发挥作用，打造线上线下一体化医疗卫生服务闭环是未来发展趋势。

第四节　河南省新型基础设施建设的现状和成效

河南是中国人口和经济大省，素有"九州腹地、十省通衢"之称。地处华中腹地和中国地理版图中心，是国家信息基础设施布局的重要节点。目前，河南正在推动实现经济高质量发展，建设网络经济强省。信息基础设施在促进河南经济社会发展中发挥着越来越重要的作用。纵观新中国成立 70 年来河南信息基础设施建设的历史，不难发现，1978 年以前河南信息基础设施建设的发展速度相对较慢。改革开放以来，信息基础设施建设加快，信息化、网络化居于领先地位。特别是党的十八大以来，全省信息化建设取得了丰硕成果，成为全国七大互联网信息源集群和全国十大通信网交换枢纽之一。

河南省 2020 年将投资 3.3 万亿元，计划新建基础设施、5G、工业互联网、人工智能等 980 个基础设施项目。计划年投资 8 372 亿元。2021，河南省颁布了推进河南省新基础设施建设的行动计划（2021—2023），大力推进新的基础设施建设。通过新基础设施的创新布局，河南省将形成 1 000 亿元的 10 个新兴产业集群，整合 5G、智能终端、物联网等产业链，为数字经济发展提供有力支撑。

一、传统信息基础设施

(一) 互联网用户的总体规模

中国的互联网应用始于 20 世纪 80 年代,并于 1994 年正式加入互联网。互联网服务始于 1995 年的河南省,当时互联网用户需要通过北京节点访问互联网。1996 年,中国网郑州节点平台在河南成立,并向全社会开放。只要你有电脑、调制解调器、电话线和其他硬件,你就可以在家里上网。1996 年,该省只有 400 名互联网用户,经过 20 多年的发展,全省网民规模实现了跨越式增长。截至 2019 年底,网民数量超过 1.1 亿,居全国第四位,网民数量达到 8 798 万。"十三五"期间,全省网民数量年均增长 4.6%。

(二) 光缆长度

中华人民共和国成立 70 年以来,中国不断加大对信息产业的投资力度,加强信息基础设施建设,为成为网络强国奠定了坚实的基础。光缆线路是重要的信息基础设施,河南在我国信息网络建设中具有重要地位,"八纵八横"的全国光缆线路"三纵三横"贯穿河南。同时,河南积极推进"中部宽带"建设,支持城乡宽带网络基础设施建设升级,逐步弥补农村信息基础设施薄弱环节。截至 2019 年底,河南省光缆线路总长 176.1 万公里,居全国第 12 位。

(三) 互联网普及率

在网络强国战略的推动下,中国的互联网普及率显著提高。截至 2020 年 3 月底,中国网民数量为 9.04 亿,互联网普及率为 64.5%。其中,移动互联网用户 8.97 亿,通过手机上网的网民比例高达 99.3%。河南省互联网覆盖率高于全国平均水平。截至 2019 年 12 月,河南省互联网普及率为 91.3%,网民在河南总人口中的比例继续上升。同时,随着普遍服务政策的实施和关税的降低,农村信息通信基础设施建设加快,城乡数字鸿沟进一步缩小。2019 年,农村地区固定宽带家庭普及率比 2018 年提高了 11.6 个/100 户,移动宽带用户普及率比 2018 年提高了 5.3 个/100 人。

(四) 电信服务

近年来,河南电信业务保持快速增长。2019 年,河南电信总业务量 5 998.8

亿元，比 2018 年增长 52%，居全国第四位。电话用户方面，2019 年全省电话用户增加 923.4 万户，达到 11 647.6 万户。手机用户数增加 948.8 万人，手机用户总数达到 10 889.8 万人。全省电话用户和手机用户数量均居全国第四位。2019 年，固定电话用户数量减少了 19.4 万，降至 757.8 万，在全国排名第七。

（五）广播电视节目全面覆盖

中华人民共和国成立 70 年来，广播电视已成为文化事业服务体系的重要组成部分，覆盖面显著扩大。2019 年，河南省广播覆盖率达到 99.44%，电视覆盖率达到 99.47%，分别比 2012 年底分别提高 1.54 个百分点和 1.57 个百分点。

二、新型信息基础设施

（一）5G

移动互联网是让更多人上网的最佳方式。5G 网络的传输速度大约是 4G 的 100 倍，5G 的发展使得支持宽带的移动互联网应用无处不在。2018 年以来，河南抓住 5G 发展机遇，加快建设步伐，形成了"郑州领先、省际联动、行业领先"的发展格局，发展 5G 建设全国第一。河南省委、省政府和地方城市高度重视 5G 的发展，5G 产业跻身河南省十大新兴产业之列。2019 年，河南省发布《5G 产业发展行动计划》，加快 5G 产业布局，建设"一网四基地"。5G 建设进展顺利，成绩显著。2019 年，河南省 5G 基站数量达到 6 325 个，实现了 5G 网络的全覆盖，并在河南省管辖的城区正式商用。

（二）人工智能

1956 年，人工智能的概念首次被提出，2019 年，中国人工智能专利申请数量首次超过美国，成为世界上最大的人工智能专利申请国。面对人工智能发展的重大历史机遇，河南省于 2018 年发布了《河南省大数据产业发展三年行动计划（2018—2020）》，对河南省人工智能产业发展进行规划和布局，积极推进河南省产业转型升级。总体而言，河南为人工智能的发展奠定了一定的基础，河南有大量的大学和研究机构，在一些领域处于领先地位，但人工智能产业仍处于起步阶段。

（三）工业互联网和物联网

工业互联网平台正在深刻改变传统的工业生产和服务流程。2018 年，河南省发布了《河南省智能制造与工业互联网发展三年行动计划（2018—2020）》，提出培育2~3个跨行业、跨领域综合工业互联网平台和20个细分行业工业互联网平台，推进数字化、网络化、信息化，制造业智能化发展。河南省物联网相关企业和科研单位300多家，年产值亿元的企业30多家，涌现出丰收电子、领天科技等一批骨干企业，实施RFID、传感器、嵌入式软件和传输等关键产品的研发和技术创新，形成了较为完整的产业链。郑州日产汽车、河南心连心化肥、天瑞水泥、中国一拖、森源电气等知名企业的智能车间、智能工厂项目取得了重大进展。汉威科技与浪潮集团签署工业互联网战略合作协议，以传感器、云计算、大数据、工业互联网为核心，共同推进企业信息化建设，携手打造各行业、各领域的工业互联网解决方案，共同打造工业互联网新生态。

三、国家大数据综合试验区的建设有力地推动了数字河南的建设

从国家大数据（河南）综合试验区开始，河南大数据从无到有、从差到优，使河南在新一轮产业改革中处于领先地位。河南省委、省政府确立了"智慧岛、资金岛、众创岛、人才岛"的概念，共同打造产业金融生态圈，并出台了一系列政策、意见和措施，促进资金、人才、人才的集聚，科技和其他元素对智能岛的影响巨大。2017年2月17日，河南省委、省政府将位于郑州市郑东新区龙子湖的智慧岛确定为国家大数据（河南）综合试验区的核心区和试验区。智慧岛将华为的数字生态与智慧岛的资源开放相结合，利用5G、人工智能、数字孪生和新的ICT技术，打造面向未来的城市全景实验室。据了解，2017年，郑州智慧岛被河南省政府确定为国家大数据河南综合试验区核心区域。2019年3月，郑州智慧岛大数据实验区管委会拓展了"智慧城市"的概念，按照"八个一级建设标准"规划并提出建设一个基于现实、面向未来的智慧城市全景实验室。智慧岛与华为合作启动"智慧岛未来城市"全景实验室建设，目前已取得阶段性创新建设成果。

2019年4月17日，智能岛实现了5G全覆盖。5月17日，智能岛5G智能公交在世界电信日正式投入运营，受到省市领导和广大群众的广泛好评。7月初，智慧岛智能公交创新中心项目规划成立。12月24日，在智慧岛管理委员会的领导下，联合组织了建设交通强国的三个试点地区。

河南省委、省政府关于加快国家大数据综合实验区建设的若干意见，针对重点环节和突出难点，从数据资源整合、创新应用、龙头企业引进培育、产业园区建设、创新能力、人才队伍建设等六个方面，提出了50条具体的政策措施。

在此基础上，河南省政府还出台了多项促进大数据产业发展的政策，明确提出了电价减半、以奖代补贴、设立发展基金、优惠土地出让等 10 项措施，推动大数据产业快速发展。值得一提的是，智慧岛位于郑东新区龙子湖中心岛。环湖共有 12 所高校，为人才创新提供了基础条件。自 2017 以来，智慧岛积极开展河南省创业周，吸引了国内外优秀人才，有力地巩固了大数据产业创新创业的人才基础。

大数据产业集聚发展趋势明显。郑州龙子湖智能岛吸引了阿里巴巴、华为、海康威视、诺基亚、南威等一批行业龙头企业，推动河南产业链上下游企业协同发展。200 多家大数据企业已入驻智慧岛，创新支撑能力显著提升。依托全省高校、科研院所和重点企业，在大数据核心及相关产业建设了 60 个省级大数据产业技术研究院、工程研究中心和工程实验室，为大数据综合试验区建设提供动力支持。此外，大数据在交通、扶贫、金融、能源、旅游等领域的创新应用也取得了突破。

第五节 河南新型基础设施建设面临的问题

一、信息基础设施建设仍存在数字鸿沟

信息技术的发展必然会导致不同国家、地区、行业和人群之间的不平衡，导致数字鸿沟，进而导致信息技术强弱不均，导致"信息鸿沟"。在以互联网为代表的信息化发展过程中，河南省存在着地区、城乡、行业三大数字鸿沟。

（一）区域间的数字鸿沟

中西部地区信息化发展速度虽快，但始终低于东部地区。2019 年，只有中国中西部的四川和湖北跻身互联网发展指数前 10 名。河南与东部省份在信息化发展方面仍存在差距。同时，该省不同地区的信息技术发展不平衡。

（二）城乡数字鸿沟

在中国的数字化进程中，农村地区是不可或缺的。目前，中国的数字化已经处于世界领先水平，但其贡献主要来自一线和二线城市。农村地区的数字化水平较低，与城市之间存在差距。近年来，河南继续推进"华中宽带"建设，推动"河南全光网"全面升级，大大提升了城乡宽带接入能力，缩小了河南城乡数字

鸿沟，但仍然不能忽视。2019年，农村地区的互联网用户比例为31.7%，与城市地区的互联网用户比例相差很大。

（三）行业间的数字鸿沟

产业间的数字鸿沟主要表现为第一产业与第二产业、第三产业信息化发展水平的差距。河南是一个农业大省，粮食生产对国家粮食安全具有决定性影响，但河南农业信息化水平落后于第二、三产业。推进农业供给侧结构性改革，促进高质量农业发展，必须提高农村和农业信息基础设施水平。

二、互联网企业发展迅速，但整体实力相对较弱

河南互联网企业数量众多，增长较快，但规模较小。2019年，全省互联网业务运营单位3 391家，比2018年增长59.1%，居全国第七位。全省规模以上互联网企业93家，占互联网经营单位总数的2.7%。与此同时，河南几乎没有全国知名的互联网公司。

三、信息安全仍然是一个严重问题

信息技术与经济社会领域的融合不断加快，传统的实物保护边界逐渐消失，新技术的发展带来了新的网络安全问题，对国家安全和产业发展产生了更加广泛和深远的影响。河南的网络运营总体稳定，但网络安全基础相对薄弱，仍存在安全漏洞，网络安全必须高度警惕。2019年，该省植入了1 270个后门网站，在中国排名第二。共有1 391个网站被篡改，在中国排名第五。河南要在加强信息基础设施建设的同时，重视信息安全，推进信息安全立法。

第六节 新型基础设施建设中面临的潜在风险

目前，新建基础设施已成为社会高度关注的投资热点。北京、上海、浙江等省已发布新基础设施地方行动计划，相关企业已开始新基础设施建设布局。然而，由于政府和社会对新基础设施的发展规律认识不足，仍存在一些潜在的发展风险。

一、误导性决策的风险是由广义的概念理解引起的

新的基础设施得到了大力推广。首先，在概念拓展上，一些机构和地方政府将智能警察、智能校园、智能医疗等行业信息内容纳入新基础设施范畴，新基础设施一般被理解为数字转型、基础设施建设和业务应用的困惑。第二，一些机构将一些成熟的传统基础设施，如超高压和城际高铁，纳入新基础设施的范畴，把建设规则完全不同的东西放在同一个篮子里，混淆了新基础设施的基本概念和定位。新基础设施是技术密集型和创新型的，决策风险比传统基础设施更大。盲目扩大新基础设施的范围，混淆建设重点，很容易误导政策制定和投资决策。

二、盲目投资建设可能导致供应过剩

据"两会"期间地方政府工作报告统计，在31个省（自治区、直辖市）年度重大投资中，20多个省（自治区、直辖市）新增基础设施建设约占15%。2020年全国投融资规模预计在2万亿元至3万亿元之间，并有进一步增加的趋势。在一些地方"爱新爱旧"的投资冲动和政绩追求下，很容易形成类似光伏产业的发展泡沫，有进一步加大地方财政压力和债务的风险。以数据中心为例。各地规划建设了大量大数据产业园数据中心，其中一些已成为"云地产"。据统计，截至2020年3月底，仅北京周边的数据中心就有17.35万个机柜在运行，在建机柜32.55万个，规划机柜27.62万个，总计77.53万个。

三、与实际需求不同，存在技术迭代的风险

技术创新的快速迭代周期决定了新的基础设施建设必须坚持以实际需求为导向，在技术路线上留下足够灵活的更新和迭代扩展空间，而不是过快、过于超前的建设。以5G技术为例。5G上市不到半年，它的亮点主要是宽带移动接入，但它还没有经受住大流量、大连接、高可靠性和低延迟的全面考验。5G发展的瓶颈不在于基站建设，而在于业务需求、产品市场、安全保障及相关法律法规。此外，我们还需要考虑3G和4G运营商的建设成本回收以及6G技术的布局，因此，5G基站建设应首先安排在人口密集、应用需求强的地区。数据中心、人工智能、区块链和其他新基础设施也面临同样的问题。如果布局过快，它将不可避免地面临长期闲置和技术迭代的风险。

四、市场参与不足，可能会扰乱竞争

目前，新基础设施的主要驱动力是地方政府和大型中央企业，以及华为、中兴、阿里巴巴和腾讯等少数IT巨头。受益于新基础设施投资的市场参与者仍然很少，私人资本的热情也不高。数字基础设施本质上是一个由创新和充分竞争驱

动的新行业。它的发展是快是慢取决于市场规律和行业规律。在新的基础设施建设中，相关产业政策应具有包容性，注重创造公平公正、鼓励创新的市场环境，防止少数企业获得补贴，甚至骗取补贴。

第七节 推进河南新型基础设施建设的对策建议及风险规避

一、对策建议

以信息技术为基础的数字经济代表着新经济动能的增长方向。信息基础设施在促进经济社会转型发展中具有战略性、基础性和先导性作用。目前，世界各国正在同步推进信息基础设施建设和升级，以此为重点，支持经济社会创新发展，抢占未来经济发展的主导地位。河南要继续发挥优势，弥补不足，加强信息基础设施建设，增强信息基础设施能力，更好地为全省经济高质量发展服务。

（一）加强顶层设计和政策协调，营造规范有序的发展环境

基于信息基础设施高投入、准公共性的特点，信息基础设施建设需要建立各方共识，各地区、各部门需要合作、共同推进。首先，地方法律法规应明确信息基础设施的公共属性，并对信息基础设施建设进行详细规划。避免信息基础设施建设与其他公共设施分离，加强与其他公共设施的协调。其他公共设施应当向信息基础设施建设开放，提供便利。同时，应该通过立法保护信息安全。二是进一步推进信息基础设施共建共享，提高设施使用效率，避免重复建设，消除资源浪费。三是鼓励和支持民间资本参与信息基础设施建设，促进竞争、互补、协调，实现服务质量高、服务费用低的目标。

（二）加快农村信息基础设施建设，振兴农村，促进优质农业发展

为确保稳定的粮食安全，实现农村振兴和优质农业发展，促进城乡基本公共服务均等化，河南需要加快完善农村信息基础设施。第一，支持"互联网+现代农业"模式的发展。目前，河南省农业生产正在从传统农业向现代农业转变。加快农业信息化建设对解决"三农"问题、优化生产要素、提高农业生产能力具有重要作用。总结智慧农业发展经验，探索"互联网+现代农业"发展路径。二是推进信息通信服务普及，弥合城乡数字鸿沟。提高偏远贫困地区互联网覆盖率

和接入能力，推进农村电子商务、网络教育、远程医疗等互联网应用，让农村居民分享现代信息技术带来的发展红利。

（三）加强技术创新和人力资源开发，挖掘发展潜力

我国IT应用的发展仍面临一些困难和挑战。从河南的情况来看，核心技术落后的问题比较突出。核心技术不是一个不变的概念，而是一个动态的概念。只有建立内生技术创新体系，形成核心技术的持续创新机制，才能保证原始技术不断产生，才能为技术追赶和超越提供不竭的动力。同时，河南要加强信息产业人才建设，做好高层次人才引进和培养工作，制定引进有竞争力人才的政策，营造良好的创新创业环境。

二、风险规避

（一）加强机构改革，科学有序地布局新的基础设施

针对目前对新基础设施概念认识混乱、布局建设混乱的现状，建议政府有关部门加快发布新基础设施开发布局指导意见。一是要明确边界，突出重点，明确新基础设施建设的概念、内涵和边界，妥善处理新基础设施建设布局、新业态创新和数字化转型之间的有机联系和内在差异，避免过度概括。二是充分吸取以往基础设施建设的经验教训，统筹规划，因地制宜，错位发展，根据行业发展实际、当地比较优势和数字化转型瓶颈，有针对性地提出全国新基础设施建设布局和重点建设内容，规范指导新基础设施建设，避免盲目、同质化和发展。第三，改善环境和资源倾斜。统筹规划新建基础设施项目用地规划、用电优惠政策、财税优惠、风险投资资金。完善与新建基础设施项目有关的技术标准、法规和法律法规，为各类主体创造竞争性的市场环境。

（二）把握创新驱动战略，根据需要进行建设

针对基础设施新技术快速迭代、持续时间短的独特规律，提出了由投资驱动向创新驱动转变的正确建设理念。首先，我们应该跟随云计算、数据中心、区块链和移动通信领域的创新趋势，选择正确的技术路径，保持新基础设施的灵活性和可扩展性，以避免一旦建成就落后。第二，建设与创新并重，以需求为导向。我们应该确保新基础设施的供给侧和新商业形式的创新侧同时努力。根据业务创新的实际需求，控制新基础设施布局和建设的速度和步伐。三是突出薄弱环节，

自主创新，进一步加快芯片、操作系统、工控软件等核心技术的创新和突破，应对瓶颈风险和挑战，建设自主可控技术基础设施。

（三）充分发挥市场资源配置机制作用，促进多方协调发展

针对新基础设施建设市场竞争程度高、创新链长、决策风险高、实施精度高等特点，充分发挥市场竞争机制作用，加强政府、行业、高校、企业之间的协同创新，研究机构和用户。首先，我们需要采取有针对性的政策，提供普遍支持，新的基础设施建设不宜广泛进行。政策支持的目标应该是避免广泛地灌溉、欺诈和补贴欺诈，并避免扰乱竞争。二是发挥市场主导作用，促进多元化发展。市场应该对建设什么样的新基础设施拥有最终决定权，企业应该对如何建设基础设施拥有最终决定权。要避免过度干预，破坏市场机制和创新规律。三是要优化机制，进行综合创新，摆脱传统基础设施建设中政府管理纵向延伸、条块分割的旧弊端。建立新的常态化工作推进机制，推进跨部门协作、跨行业创新、跨主体联动，在新基础设施建设中形成上下游协同创新的局面。

（四）遵循新基础设施建设规律，分层实施

根据新建基础设施的不同特点，推进分类建设。一是以市场竞争为重点，推进信息基础设施建设。除5G和卫星互联网外，信息基础设施高度市场化，主要依靠市场竞争机制。二是注重政企协调，推进基础设施综合开发。要坚持政府引导与企业领导相结合，加快铁路、公路、机场、中央仓储仓库等关系经济社会高效运行的传统基础设施的数字化改造，夯实经济社会数字化转型的基础。三是推进以政府投入为主的创新基础设施建设。创新基础设施，如重大科技基础设施、科教基础设施和产业技术创新基础设施等强有力的公共物品，应主要通过政府财政投资进行建设。

（五）加强舆论监督和信息披露，逐步开放投资市场准入

针对基础设施新市场改革缓慢的情况，加强舆论监督和信息公开透明，逐步放开投资市场准入。一是加强信息公开和透明度，探索建立举报人保护法，加强知识产权保护，继续改善经营环境，建立长效激励机制，发展多层次资本市场，鼓励国际和私人资本参与新的基础设施投资。二是逐步开放新基础设施投资的市场准入，开放各类资本参与新基础设施投资的渠道，实行市场准入负面清单。所有未列入名单的行业和部门都应为所有市场参与者提供公平的机会，以确保所有

行业都能在公平的竞争环境中进入和竞争。三是鼓励制造商、运营商和互联网公司结成产业联盟,开放创新平台。鼓励企业在法律法规允许的范围内进行多元化投资、建设和经营,探索更多的增值服务和商业模式。

第四章 河南省产业数字化转型情况

第一节 数字产业划分

目前，我们国家经济处在改变成长方式、改进经济整体内部结构、改变增加动力的关键阶段。这样的前提下，数字经济作为成长速度最快、创新积极度最高、辐射面积最大的经济活动，已然慢慢成为经济成长的全新动力。数字经济在和历史性产业相融合改进中，已经呈现了它在推进产业整体结构改变，牵动经济改革的最强动能。

伴随信息技术的进一步的成长，信息面临的传输与外界交流问题相继突破了以往对他们的限制，信息能够成功的获取、应用与共同分享具有方便快捷的特质，我们的星球已经成为一个地球村，然而这恰恰是数字经济所需求的。与此同时，数字经济同样重点关注对于海量信息实施剖析和帮助决策，其具备的特别性质使数字经济在产业整体结构转变过程中产生了绝对关键的作用。

第二节 河南省产业结构的演进阶段与规律

一、三大产业的复苏和提振阶段（1978—1985年）

1978年，党的十届三中全会做出了实施改革开放的重大决策，出台了一系列积极的经济政策，对处于低迷状态的河南省经济起到了显著的促进作用。家庭联产承包责任制解放了生产力，农业保持了良好的发展势头，第一产业占40%以上，农业起着突出的主导作用。1978年至1985年，中国国内生产总值从162.92亿元增加到451.74亿元，年均增长15.68%。

二、以第二产业为主的"第二和第三"阶段（1986—1991年）

1984年，随着经济体制改革由农村向城市转变，河南省着力增强国有大中型企业的活力，进行体制创新，以完善企业经营机制为核心的一系列改革形式全面实施，使全省工业步入高速增长轨道。1988年，当通货膨胀等经济问题出现时，河南制定了"以农促农、以工促农"的发展思路，实施了大力发展食品工业的重大规划。从1986年到1991年，工业增加值增加了91%—98%，产业结构进入以第二产业为主的"21、13、3"阶段。与此同时，第三产业也蓬勃发展，计划经济向市场经济转变的市场化改革已初见成效。

三、社会主义市场经济改革总体阶段（1992—2008年）

党的十四届三中全会通过了《中共中央关于建设社会主义市场经济若干问题的决定》，启动了财税金融体制的重大改革。2001年，中国加入世界贸易组织（WTO），对外贸易政策进行调整。河南省积极推广国有经济布局和国有企业战略性改组，带动了煤炭、铝土矿等矿产资源的整合，迎来了工业经济发展的黄金时期。2008年，第二产业的比重达到峰值，对GDP的贡献率高达633%。1992年到2008年，工业增加值逐年相等平均增长率为19.76%。第三产业对国内生产总值的贡献率约为30%，增加值从1992年的394.6亿元增加到2008年的5446.72亿元。制造业和现代服务业已成为河南省经济发展和结构转型的重要驱动源。

四、后金融危机阶段（2009—2017年）

受2008年全球金融危机的影响，河南省经济进入了中高速增长的新常态阶段。河南省以产业集聚区为载体，加强创新驱动发展，注重新旧驱动力的转化。产业发展已进入提速、转型、升级阶段，产能过剩、"僵尸企业"和配置重叠等问题亟待解决。2009年至2017年，全省工业增加值年均增长10.8%，增速明显下降。积极探索工业化、城镇化、信息化，与农业现代化发展齐头并进，建设空港经济综合试验区，承接以"互联网+"新技术、现代服务业、第三产业为代表的产业转移，第二产业的贡献率首次并始终保持在50%以上。

五、第三产业占主导的"三二一"阶段（2018年至今）

2018年是河南省产业结构转型过程中的重要节点。第三产业比重首次超过第二产业，但比全国平均水平晚了六年。在新冠肺炎疫情影响下，河南省经济在2020年度同比增长13%，第三产业增加值增速也高于第二产业。在"国内外双循环"的发展模式下，第三产业和第二产业的产业结构将日益稳定。

第三节 数字经济产业对于产业结构改进提升的作用剖析

一、数字经济产业对于产业整体结构改进的作用

（一）数字经济产业改变了历史性产业模式，推进产业整体结构改进提升

数字经济产业对于产业整体结构改进提升的推进一定程度上体现在对历史性产业的提升改变中。数字经济产业穿透性高，凭借网络、电子办公、云计算等其他互联网形式，数字科技、数字服务、数字信息融入历史性产业生产与管理以及销售的每个步骤，提升产业应有的成效，提高产业数字化具备的水准，推进历史性产业进行改变，完成对产业整体结构的改进提升。

数字经济产业凭借历史性产业改变推进产业整体结构改进提升，表现在以下几个方面。

第一，数字经济产业的成长使历史性产业的生产方式产生了变化，使历史性产业向着具备智能化与个性化方向改变。数字科技与智能化设备在工作中得到普遍应用，可以提升历史性产业生产效率与劳动效率以及资源充分被利用，达到历史性产业智能化与数字化的共同发展。处在工业经济时代阶段，关于投入与成效的考虑是重点，自身具备规模化形式与标准化形式是关键的生产手段。而处于数字经济时期，产品与市场不停地被划分，基于客户所需，将产品实施具备个性化的研究与开发已经是未来的趋势，具备标准化形式的生产手段陆续朝着个性化与差异化的生产进行改变，刺激企业生产，加大企业内在的活跃度。

第二，数字科技推进历史性产业整体相关流程重建，提升产业成效。在电子商务实施交易的过程中，产品生产的时间与地点不受限制，可更加方便地给到客户手里，使交易涉及的范围有效扩大，减少交易时所需的成本，提升了资源的流通性，促进企业流程重建。使用大数据科技，能够获得客户影像，从而凭借产业链的资源将其进行整合，将历史性产业中的各个步骤进行改善，从而推进历史性产业的成长，提升产业力量。

第三，数字经济改变了产业结构，激励产业自身改进能力。伴随数字科技的逐渐改进成长，平台经济快速成长，产业结构方式发生了转变，由之前的链条式转变成网络的协同方式，凭借分包与众包体系，为各个中小型企业注入了新的商

机。平台经济条件下崭新模式的新规定重新构成了产业之间的生态,数字化产生的能量在不停地释放,产业改进创造力显著提高,帮助历史性产业发生了转变。

(二)数字经济产业推动新型产业平稳形成,带动产业整体结构进一步改进与提升

(1)数字科技在数字经济整体产业的牵动下快速成形,伴随数字科技的改进与转变,产业分化与重建加快提升,各个产业之间互相融入彼此的进程有效提升,陆续演变出崭新产品、新式的服务、新的体系,重新构建产业的生态,推进产业整体结构的提升。数字经济产业推进新型产业逐渐获得成功的方法包含数字科技突破产业的界限,推进产业之间延长性的融合。历史性模式条件中,产业界限非常明朗,农业中非集中化生产模式和工业的大范围生产模式之间存在绝对差异。数字经济的模式条件中,各个产业普遍运用数字资源等其他类型的资源,产业更偏重"无形化"与"数字化",进一步突破产业界限,推进产业的融合,逐渐产生了新型产业。

(2)数字经济产业凭借高度改进与渗透性质,提高速度朝着与之相关产业渗入融合,产生崭新的模式与新的业态,进一步推进了产业整体结构完善。目前这几年,数字经济产业融合到零售行业与运输行业等其他产业之间,逐渐出现了网约车、电子办公、互联网金融、物流智能化发展等其他新型的模式与新型的业态,推进了服务业的成长,促动产业整体结构改进提升。

(3)数字科技提升了产业链各个领域间产业相容的速度。在产业之间,数字科技将本来具有单独性的产品与服务进一步结合,获得与原来拥有的产品与服务不同的崭新产品与服务。将数字科技作为其中的纽带,加快各个领域产业的重建互相融合的进度,可产生之前没有过的生产机构,帮助扩张产业领域,添加产业的层次,推进产业整体结构的改进与提升。

二、数字经济产业对于三次产业改进提升的作用渠道

(一)数字经济产业对于农业改进提升的作用渠道

农业作为经济增长的根本,是其余机构能够产生的关键条件。农业生产非常重视生产环境特征、物种特有的生物特性和气候环境等其他生态信息。数字经济产业投放到农业上,第一时间就能够向外界传播有关信息,把生产中的要素紧紧地结合在一起,推进要素通过地区与时间妥善流通,将资源充分利用起来。其次,使数字科技投放使用在农业生产经营的整个动作中,将农业的生产与流动以

及日后的销售等其他步骤逐渐完善,提升农业科技现代化与数字化的水准,成功使农业改进提升。

数字经济产业对于农业起到的作用明显现于生产手段、管理手段以及流通手段这几个方面。其整体表现是:

(1) 把数字科技投放在农业生产过程中,将以往的生产手段进行优化,对减少农业生产过程中的成本有很大帮助,提升了农业劳动生产的成效与土地自身具备的生产力。凭借相关科技、地域信息系统与互联网等崭新信息科技能精准地获得土地质量的资料、水质量的特点与各种动物以及植物的生存条件需求等其他关键信息,将资金与资源和劳动达到完美的结合,提升对于资源的利用。与此同时,使用智能化设施能够对各种生物的培育与遗传展开研究,修缮农作物的质量,还能够达到农作物的种植与浇灌以及培育等其他对农作物培养过程的现代科技化,推进农业改进与提升。

(2) 数字科技提升了农业对于相关管理的水准。凭借数字科技能够第一时间精准地了解到环境与市场的有关信息以及与农业相关的政策实施,而且能够凭借互联网认识全新的生产及管理手段,提升数字化的实施管理水平。

(3) 数字科技转变农业产品的流动方式。伴随农村通过网络进行销售,农业产品在各个互联网平台中展开了销售,使农业产品在市场中获得了很好的流动量,提高其流通的速度与质量。把区块链科技投放使用在农业产品溯源,将交易时产生的数据公开化,侧面帮助监督造假行为,为食品的安全提供了前提保障。

(二) 数字经济产业对工业优化升级的影响路径

工业同样在经济增长的过程中处于关键的地位,工业的水平会影响我国经济增长的水平。以往工业的增长始终体现出高度投入与极度消耗的态势,对资源环境产生了极大的影响,我们国家工业内部整体结构出现的问题急需得到处理。数字经济产业和工业之间融合,不但可以提升工业型企业投入生产的科技含金量,使资源得到充分的利用,并且还可以给予工业生产营销等步骤有力的支撑,凭借大数据展开剖析,提升工业增长水平,推进工业整体结构改进。

(三) 数字经济产业对于服务业改进提升的作用途径

服务业是评定社会现代化水准的关键性标志。目前阶段我们国家服务业是数字化改进活跃性最高的区域。伴随数字科技成长,数字经济产业融入服务业,不停地形成崭新的模式与新型的业态,使服务的技术更加具有含金量,服务业实质内容更加多样化。

数字经济产业对于服务行业产生的作用体现在改进服务形式与充实服务的内容这两个方面，从而提高服务水平，推进服务行业良性改变与提升改进服务形式。以往通过线下实施服务的形式为服务供应方与消费者带来许多不必要的麻烦，伴随数字技术的逐渐成熟，企业不但能够凭借互联网平台给予顾客相应的服务，还能够非常精确地深入了解消费者对于产品进行购买的需求，为消费者提供具有特性化的服务。以往的服务形式不停地与创新元素相融合，产生比如分享经济、电子办公、网约代步工具、网络金融等其他一些崭新的服务形式，提升服务成效与服务水平。

充实服务的内容表现在数字经济产业融入服务行业，提升了以往服务行业实现数字化成长的速度，将服务行业发挥供给的实际作用完全释放，而且形成了崭新形式的新业态，拓展了服务覆盖面积，使服务的内容更加丰富起来。

第四节 河南省产业结构变迁的动力机制

一、内在动机

从供给侧和需求侧出发，河南省产业结构变化的内在驱动力是收入效应和相对价格效应。收入效应认为，收入水平的提高直接推动消费升级，进而推动产业结构升级。以人均可支配收入为例，2019年，河南省城乡居民人均可支配收入分别为 34 200.97 元和 15 163.74 元，其中生活消费支出分别占 64.24% 和 76.14%，但近 1/3 的就业人口集中在第一产业，可支配收入增长缓慢甚至低于 GDP 增长，严重影响了河南省产业结构升级进程。相对价格效应是指产业间技术进步率和资本劳动比的差异，导致商品价格的差异，影响消费比重，进而促进产业结构升级。河南省的农业和工业发展基础雄厚，吸引了 70% 到 85% 的就业人口。资本、技术等要素的集中使要素市场改革滞后于产业市场改革，强调对国有大中型企业的投资，忽视了小微企业的资本需求，技术进步对经济增长的贡献率远低于发达省份 70% 的水平。河南省作为内陆地区，在产业布局和承接转移方面缺乏主动意识。

二、外部动机

在宏观层面上，2008 年是三次产业劳动生产率增长的转折点。2012 年，服务业劳动生产率增速下降，落后于以"成本病"为特征的制造业。在马克思主义政治经济学的理论体系中，产业结构的价值规律体现为"资本均等、利润均等"，扩大再生产是产业结构变迁的本质要求。除了供给侧和需求侧因素外，外部干扰因素也决定了河南省产业结构变化的历史和方向。由于地理结构和气候特点，河南省粮食生产一直具有较强的实力。随着国家城镇化建设和主体功能区规划的实施，保障国家粮食安全责无旁贷。工业化、城镇化、现代化、农业信息化，在绿化"五个统筹发展"的过程中，前提不应以牺牲农业和粮食为代价，以牺牲生态和环境为代价，河南省农业劳动生产率自2008年以来基本保持不变（略低），涵盖了河南省18个城市产业结构优化的效益和效率，并提出了新的要求。

后工业时代，河南省的产业结构仍有调整空间，其特点是"初级生产差、二次生产弱、三次生产小"，因此要充分把握"国内外双循环"的选择，确保市场在资源配置中的决定性作用，促进第三产业吸纳劳动力，缩小郑州、洛阳等城市在第三产业比重上的差距，继续谱写中部大省河南新时代更加辉煌的篇章。

第五节 数字经济对制造业发展的影响分析

一、制造业发展现状与问题

（一）发展现状

在工业化的"催化"下，制造业迅速发展。改革开放以来，制造业可分为四个发展阶段。第一阶段是以重工业为主的体系，轻工业制造业发展势头显现。第二阶段，随着外资的流入，制造业迅速发展。第三阶段，随着中国加入WTO，制造业成为全球价值链中不可或缺的一部分。第四阶段，全球格局的不断变化导致国内需求增长，成为制造业发展的必要因素。在发展过程中，中国制造业的竞争力和影响力不断增强。2004年，制造业增加值占世界增加值的8.7%。2010年，这一比例上升至19.7%，居世界首位。2018年，中国制造业增加值占世界总量的28.3%，规模以上制造业过去五年增长7.6%。近190种工业产出位居世界第一，足以突显制造业在国民经济中的重要作用。

（二）存在的问题

1. 存在"低端锁定"的风险

中国的全球价值链参与价值较大，但全球价值链地位指数水平较低。表明我国制造业在世界分工中的参与度较高，但"微笑曲线"较低，高新技术产业制造绩效较低，高端产品数量少，供应比重较低，缺乏高质量、高性能、高质量、高附加值的供应水平，导致我国产品制造水平与发达国家的差距不断拉大。同时，本土优质自主品牌少，竞争力弱，缺乏定制的销售策略和经验，难以形成标志性本土品牌。

2. 创新机制缺乏有效性

一些西方国家通过关税等贸易壁垒限制中国制造业的崛起。"技术冷战"抑制了新兴企业的发展，降低了技术进步的速度，使创新水平处于相对落后的地位，有很大的提升空间。例如，中国在基础研究和开发方面的投资比例只有美国的三分之一左右，法国的五分之一左右。目前，我国高校等院校精英将更多精力集中在论文和选题上，投入市场需求较少，导致我国科研院所支持、政府保障产学研结合等工作严重受阻。

3. 供应链受到很大影响

一方面，从国际视角看，资源稀缺性的增加使得中国制造业的成本显著增加，而中、低收入国家凭借其低成本的绝对优势或相对优势，吸引了要素的流入和劳动密集型产业的转移，从而推动了投资。另一方面，从国内来看，在受到要素成本增加的影响后，供应链的发展面临着更多的不确定性。目前，中国制造业的发展受到六大压力的制约，包括资金、劳动力、土地资源、物流运输、研发投资和维护系统成本。制造业工资每年增长近2.6倍，总资产利润下降4.56%，进入微利时代，制造业转型升级成为一个亟待解决的问题。

二、数字经济与制造业融合发展的意义

当前的"三高"生产模式：高投入、高产出、高排放，严重降低资源利用效率，破坏生态；发展方式主要集中在粗放型经济，供给过剩问题严重，制造业大而不强的格局依然存在，制约了经济增长。因此，面对一个前所未有的变化，发挥"数字红利"的作用，促进制造业与数字经济的融合发展，具有深远的战略意义。2017年10月，习近平总书记强调，"加快建设制造业的步伐，发展制

造业，加快大数据与实体经济的融合"；2019年9月，习近平总书记进一步提出要"大力发展制造业和实体经济，实现两个世纪的奋斗目标"。2021年3月，李克强总理提出"建设数字经济优势，促进产业数字化和数字化产业化转型升级"。

数字经济与制造业融合的关键在于深入的数据挖掘，核心是通过数字技术支撑实现数据采集、处理和利用，推动经济活动的数字化转型。由于成本低、数据即时的特点，企业可以提高生产效率，扩大产量和经营规模，最终实现规模经济。此外，在生产中可以有效避免产品同质化生产，更好地满足客户的个性化需求；在销售过程中，可以优化分销，减少库存，充分挖掘数据潜力，提升制造业竞争力。

在当今复杂多变的环境背景下，基于社会特征的高质量发展是社会发展的核心，也是高质量经济发展的重要内容。从产业角度看，高质量发展是指产业结构优化和效率提高的过程，表现为先进生产要素充足、创新能力高水平、产业发展水平显著提高。制造业的高质量发展是效率与质量的统一，其特点是：一是创新实力的提高。创新是第一生产力，制造业的发展必须依靠技术推动投入、运营、产出等环节的优化和转化，提高生产效率。二是提高要素配置效率。根据数据的特点可以复制和共享，提高智能化水平。第三，组织结构优化。通过要素赋权，可以从个体数量与总量、微观与宏观、局部与整体三个方面调节供需失衡。第四，提高供需匹配质量。高质量的开发可以降低成本，减轻行业负担，消除过剩产能，提高质量和效率。第五，产业一体化发展。数字经济的持续发展可以有效促进信息技术与制造业融合，促进服务型制造业发展，为新的商业形式提供强大的支撑。

三、数字经济推动制造业高质量发展的路径

（一）促进产品定制和多样化

为了获得内部经济产生的成本优势，企业往往选择生产同质化产品，难以满足用户多样化的需求。数字技术的发展降低了搜索成本和企业定制成本。从企业的角度来看，企业可以充分利用数据带来的信息，灵活安排采购和生产流程，从大规模、同质化、标准化的工业生产转变为小批量、定制、个性化的数字化生产。在这一生产过程中，消费者成为主动者，以低成本参与设计和生产过程，并借助网络等载体将偏好直接传递给企业，实现精准供应，使产品更具针对性。

(二) 推进生产自动化、智能化

数字经济表现为两个维度，一个是智能制造，另一个是网络化生产。智能制造利用数字技术对生产过程进行优化升级，实现智能化操作。该工艺可以优化生产，缩短生产时间，提高生产效率。作为智能领域最强大的发展，人工智能极大地提高了自动化水平和资本回报率。人工智能可以减少错误，提高产品质量。工业互联网通过对收集到的大数据进行深度解读，帮助产业转型升级。其核心理念是在制造过程中植入传感器进行实时控制，实现精确控制，提高生产效率。其实质是通过"互联网+"完成机器与生产系统、企业与机器之间的智能连接，形成以数据信息为引擎、以决策为核心的工业互联网。可以看出，工业互联网是智能制造的扩展，预示着未来网络化生产的方向。

(三) 建立灵活的协同生产

数字经济对传统生产方式提出了更多挑战。为了增强竞争力，企业纷纷尝试灵活多变的生产方式。数字技术增强了信息的自由流动，降低了交易成本，实现了深度分工，使不同地区、不同行业的企业能够充分发挥协同效应，积极满足市场需求，细化生产流程，在互联网的链接下进行生产。虚拟企业和柔性生产是柔性组织生产的重要途径。柔性生产是一种以市场为导向的组织模式，具有灵活调整生产计划、提高生产柔性的优点。虚拟企业更加放松和开放，其运营模式通过信息技术和其他渠道将制造商连接起来，组织生产并实现利润。

(四) 培育新的经济增长动力，优化产业结构

在数字经济和互联网快速发展的关键阶段，顶层设计在制造业发展中的关键作用应受到更多关注。一是，政府应确定实体经济与数字经济融合的战略思路，将其纳入社会发展规划体系，贯穿整个工作线。在《中国制造2025》中，制造业转型和"下放权力、下放控制、提供服务"改革不断深化，政府积极转变职能，为制造业数字化发展提供公平、良好的政策环境，确保政策的连续性。二是优化制造业资源配置，促进制造业转型升级，促进信贷向智能领域倾斜。最后，在专利保护方面，完善专利保护机制，申请更多专利平台，加大专利保护力度，打造具有国际影响力的品牌。

(五) 改善基础设施

2020年，中共中央政治局会议指出，要加快大数据中心等基础设施建设，

大力发展5G技术，为制造业产业升级和要素升级提供有力支撑。然而，当前我国在建设新的数字设施方面仍然存在许多困难。一是网络数据和灵活业务内容的爆炸式增长。二是用户需求日益多样化和个性化；第三，如何确保数据的安全。因此，新基础设施建设的发展步伐不应放慢，财政政策、货币政策和产业政策都应完善。在规划中，要坚持合理的原则，从"城市一步一步走向农村"，实现全覆盖；在提高智能化服务水平的同时，实施数据安全保护，防止数据泄露，实现技术模块间的协同，增强新基础设施在产业结构升级中的叠加效应。

（六）积极引进人才，提高业务素质

目前，我国数字经济和制造业发展前景良好，但人才建设在数量和结构上都有进步空间。第一，在人才培养方面，要加强数字人才的培养。以"制造+互联网"的培养模式为指导，引导高校建立培训基地，采用定向培养或联合培养的方式培养跨领域人才。第二，需要加强创新团队建设。充分发挥企业在优质制造业发展中的关键作用，借助平台引进人才，壮大团队。第三，主动改革人才激励机制。在充分挖掘人才的同时，要为高端人才提供便捷的医疗、教育、工作等保障机制，实现岗位与绩效挂钩，建立公平透明的选拔制度，激发人才的活力和积极性，建立一支有凝聚力的人才队伍。

（七）培育创新平台，促进行业新生态系统

开展互联网领域前沿研究，推动自主研发，引导"中国制造"成为"中国智慧"，重点依托云平台、互联网等产业新兴数字技术，加大数字技术基础研究力度。应通过网络开放孵化、企业内部孵化等渠道建立产业孵化器，以深化产学研一体化，加强校企合作，突破"数据隔离"产业生态中的壁垒，使制造业向高效、协同的方向发展。

第六节 数字经济对服务业的影响分析

一、河南服务业的劣势

（一）缺乏创新能力

目前，郑州市的科研开发服务和信息技术服务相对落后，这是由于企业自主创新能力较弱所致。郑州缺乏规模以上的新兴高科技服务企业，具有自主科研创新实力和自主知识产权的企业较少。此外，与北京、上海、广州相比，郑州的高端服务业起步较晚。高端服务业的发展模式仍处于探索阶段，服务理念和科学管理模式还比较落后，企业自主创新的主导地位尚未确立。

（二）缺乏专业人才

与广州、上海、北京相比，郑州高校综合能力低，高素质专业人才匮乏，高端服务业服务人员水平参差不齐。郑州的低工资制度和高物价使郑州难以留住高素质人才，导致人才严重流失。此外，郑州服务市场开放有限，难以吸引和聚集高层次服务人才。

二、河南省高端服务业发展面临的威胁

信息技术的飞速发展和现代物流的不断升级，增加了服务业的辐射带动范围。长三角城市群和京津冀都市圈是中国经济最发达的地区，对周边城市服务业的发展具有较强的带动作用，在高端服务业中具有较强的竞争力。然而，郑州发展高端服务业起步较晚，必然会与这些发展较早的城市争夺一些产业资源、人力资源、市场空间和市场机会。然而，在资源禀赋和产业基础上郑州与这两条经济带存在明显差异，郑州的市场空间和高端产业发展远远落后于北京、上海等经济中心。郑州缺乏历史积淀和相对发达的现代服务业体系，无法与金融、教育、科技、商业等服务业相对发达的上海、北京、天津、南京相抗衡。因此，郑州市高端服务业发展竞争激烈，有必要充分发挥其区域和产业比较优势，重点发展高端服务业。

三、数字经济助力河南省服务业发展战略

（一）提高竞争性服务业发展水平

波特的国家竞争优势理论表明，国家或地区经济可持续发展的源泉是拥有自己的企业和产业，具有高水平的竞争优势和比较优势。郑州地理位置优越，是农业大省，现代物流业相对发达，竞争优势明显。因此，必须继续发展郑州现代物流产业，提高该产业的创新能力和技术水平，增强郑州的竞争优势。

郑州现代物流业发展目标是推进高质量"四条丝绸之路"建设，加快物流企业转型升级，逐步完善多式联运体系，建设现代国际物流中心。到2022年，

全市物流业增加值超过 1 040 亿元，引进和培育国际物流企业 8 家，5A 级物流企业 10 家。一是扩大机场物流园区建设，加快保税港区建设，完善港口国际中转、采购、配送和贸易等功能，逐步向自由贸易区过渡，推进联通大通关，提供一站式服务，继续完善电子口岸，提高山海关物流公司效率，进一步引进国际物流公司区域总部。二是继续完善以郑州国际机场为核心的机场物流体系，引进科学的运营管理模式，加快机场改造，不断完善周边地区的航空物流设施，扩大与国内外航空公司和大型物流公司的合作，紧密遵循"一带一路"国家战略。三是推动发展第三方物流，引进国际大型第三方物流企业，建设商业流通企业物流配送中心，促进现有的运输、仓储、零售、批发企业功能整合与延伸服务，基于网络平台技术，改造传统物流企业，形成现代物流产业群，完善物流企业供应链，加快发展农产品专业化物流和工业物流。

(二) 关注高端服务业

1. 金融业

高端服务业的快速发展，必须大力发展金融业，因为它是高端服务业的支柱产业。郑州的高端服务业应重点发展金融业。第一，金融市场体系必须进一步完善。要引进区域性金融监管机构，发展金融保险中介机构、融资租赁公司、股权投资公司、证券投资公司、对冲基金管理公司等新型非银行金融机构，完善功能，构建多元化金融体系。二是逐步增加金融相关产品和工具，推动金融商业模式、金融相关产品、金融衍生产品和金融服务创新；重点发展资本市场，促进创业和风险投资，提高直接融资比重。支持大型企业开拓国际市场，从国家外汇储备中获得优惠贷款。三是营造良好的金融生态环境，完善金融行业法律法规，营造良好的信用和中介服务氛围，建立信用评估和记录体系，推进金融机构服务品牌建设。

2. 信息技术服务

以区域信息中心建设为目标，加快科技和信息服务业发展。加快各类孵化器、创业园和高科技园区建设，强化高科技研发和创业服务功能，支持小企业低成本成长，形成完整的产业创新链。充分发挥产学研机构的作用，培养高技术人才。加强科技服务体系建设。完善知识产权制度，改革激励机制，利用产学研合作，推动科技成果尽快转化为有市场价值的产品。

(三) 培养引进高端人才，完善人才保障体系

人才是产业发展的核心生产要素，高端服务业竞争的实质是高素质人才的竞

争。要完善人才培养和引进体系，注重人才数量和质量结构的优化。一是加强产学研合作，加大教育投入，严格考核学生专业知识水平和实践服务能力，创新产学研合作模式，建立多渠道人才培养体系，建设服务型人才培养基地。二是加强高端服务人才引进，建立人才资源库，重点引进具有国际视野、熟悉国际服务规则的前沿人才，引领其他服务人才的培养方向。三是要提供良好的生活和工作环境，建立有吸引力的薪酬制度、健全的医疗和教育生活保障机制，制定合理的人才选拔制度和以知识资本为核心的激励机制，吸引和留住国内外高层次人才。

（四）加大政策支持力度，优化高端服务业发展的政策环境

对于高端服务业的快速发展，政府的政策支持必不可少，这一结论在过去的服务业发展中得到了验证。因此，如果地方政府想要促进高端服务业发展，在规划时应该给予相关的财税政策支持。同时，对于国家重点鼓励和扶持的服务业，财政支持和设立专项发展基金是远远不够的，还应在人才引进、信息技术、贷款融资等方面给予综合支持。在税收方面，为了服务业的发展，应该逐步挑战和完善税收制度，减轻其税收负担，还可以出台有利于高端服务业发展的税收福利相关政策。三是补充完善绩效考核指标，推进产业增长速度与数量并重，促进结构优化，将大力发展高端服务业作为衡量一个城市发展的一项指标。地方政府在未来城市规划和招商引资中的重要指标之一，就是注重高端服务业，从而推动高端服务业快速发展。

（五）加强创新驱动的高端服务

1. 政府管理创新

深化政府管理体制改革，创新政府管理模式，加强政府服务管理，为发展高端服务业创造有利条件。重点建立高端服务业发展信用体系，推进服务标准建设，努力解决高端服务业发展中的问题和困难，加快高端服务企业自身和员工信用体系建设；加快建立高端服务业协会，加快研究制定行业规范和自律指引，严格规范高端服务开发市场，建立价格和质量评估体系，推动高端服务高水平发展；创新和丰富管理方法，提高服务管理的整体水平，打破企业未来发展的障碍。

2. 制度创新

运用先进技术，优化提升传统服务业水平，逐步推进和发展高端服务业；推进制造业优化升级，提升先进制造企业高端服务能力；建立健全市场体系，促进

高端服务业健康有序发展。

打破部分高端服务业发展的垄断，优化融资方式，拓宽融资渠道，大力提高外资和民间资本在高端服务业的融资比例，引导和鼓励非本地企业参与郑州服务业资本重组。加强招商引资，大力引进国际知名高端服务企业在郑州设立分支机构或地区总部，加强与郑州其他企业全方位、多领域深度合作，实现区域共同发展。

高端服务业的特点是知识和技术密集。因此，必须加强对知识产权和商业秘密的保护，建立健全市场监管体系。引导制造业和服务业企业重点发展核心业务，形成核心竞争力，鼓励高端制造业企业开展服务外包，扩大高端服务市场需求，促进高端服务业持续协调发展。

（六）加强高端服务市场开发

为进一步深化行政体制改革，打破部门和行业垄断，政府应降低高端服务业投资项目的行政审批门槛，打破市场壁垒，逐步实现各要素自由流动。同时，要积极拓展服务业市场，大力发展各类服务贸易，抓住服务业向国际市场转移的机遇，积极承接国际服务外包项目，拓展高端服务业吸引外资的有效途径，提高外资企业的水平和质量。充分利用多渠道资金，促进郑州高端服务业发展。鼓励高端服务业规模化、网络化、品牌化经营，尽快形成一批具有全球影响力的龙头企业。鼓励高端服务不局限于本土企业的发展，要习惯于"走出去"，不断寻找新的营销渠道，参与国际市场分工，提供符合国际市场的各种服务产品，与其他企业深入研发合作，开拓自己的国际服务市场。

第七节 数字经济推动农业可持续发展分析

一、农业与数字经济融合过程中存在的问题

（一）城乡数字元素流通渠道不畅

数据是数字经济的重要组成部分，是推动传统经济发展转型升级的快车道。与传统的生产要素不同，数据要素的独特属性决定了其生产者和使用者是分离的，这给数据要素有序流动和高效参与经济建设带来了挑战。城乡发展不平衡是造成城乡数据流通渠道堵塞的主要原因。市场经济条件下，数据要素自发地聚集

在资本实力较强的城市中，农村经济基础薄弱难以形成数据要素流入的吸引力。此外，数据交易系统的不完善也是造成城乡数据流通渠道受阻的主要原因，其大大减缓了数字农村和数字农业的建设。

（二）数字元素与传统农业产业的融合不够深入

网络技术的兴起，广泛影响着人们的生产和生活方式，是人类进入数字化生产阶段的标志。中国高度重视网络技术的研究开发和应用。顺应时代发展趋势，积极拓展数据元交易渠道，促进数据元交易方式多样化，大力培育产业数字化和数字产业化。但在数字经济建设过程中也暴露出了一些突出问题，农村网络基础设施建设薄弱，懂农业、爱农业的农村技术人员较少，直接导致数据元与现代网络科技成果在农业生产中的应用不够广泛、结合不够紧密、融合不够。

（三）数据技术创新研发体系不完善

保持技术创新的活力是保证数字经济长期、快速、健康发展的良药。我国在数据与信息技术研究领域还存在一些不足，如科研机构之间的交流与互动机制不完善，技术创新人才缺乏，研究成果奖励与补贴制度不完善，这已经成为我国数字农业建设的障碍。此外，基础技术人员相对缺乏，农业基础设施建设薄弱，阻碍了先进数据技术的转移，科技成果转化率低往往是制约数据技术进入农业生产的瓶颈，也是导致数字农业建设进展缓慢的根本问题。

二、数字经济推动农业可持续发展的路径措施

（一）拓展城乡数据元市场流通渠道

受城乡二元体制的限制，农村发展相对落后，农村经济发展和公共基础设施建设都相对落后，数据等先进生产力的吸引力严重不足。此外，城乡要素流通体系和机制不完善，使得先进的城市数据要素难以自发流向农村。因此，应该打破二元体制的限制，始终坚持产业繁荣在农村振兴中的主导作用，以地方资源禀赋为立足点，继续加大对农村基础设施的财政投入，完善农村医疗保障制度，推进农村经济建设和生态文明建设，为城市先进的数据要素自发配置农村打下坚实基础。要加快数据要素市场化配置改革，充分发挥市场在要素资源配置中的决定性作用。

（二）推动数据元与农业产业深度融合

要将农村 4G 网络基础设施与现代数字信息技术相结合，特别是在有条件的地区，推广精准农业机械和智能农业项目，将数字智能系统嵌入农业生产经营。

（1）在生产前端，构建"天地"农业信息采集监控系统，实现农业生产信息全天候无死角监控。

（2）在生产中期，进一步实施精准施肥、病虫害防治和作物生长监测工作，加快无公害车喷洒农药、农业机械化等科技成果的推广和推广。

（3）在生产后端，推进农产品质量检测追溯体系建设，加快完善电子商务平台和现代物流体系，全面推进农产品销售数字化。

（三）完善数据技术创新研发体系

加强顶层设计，抢占科技制高点。

（1）建立科研创新团队，加强现代信息技术与农业科研专家之间的互动，建立信息共享机制，完善数字农业科研成果鉴定和奖励科研产生机制，充分调动科研人员创新研发的积极性，共同打造数字农业研发全产业链平台。

（2）强化数字农业关键核心技术，以操作简单、流程优化、多功能为核心，自主研发多项实用农业信息技术。

（3）完善农村互联网工程措施和业务平台建设工作，提高农情智能监控、产销水平，加快建设区域一体化国家数字共享中心，在全面提升数字农业建设水平的基础上，使从事农业生产的工人的整个产业链充分分享数字农业红利。

第八节　政策观点

根据上面所述数字经济产业对产业结构的作用途径的剖析结果，与数字经济产业和产业结构进行进一步升级关系中实际证据研讨结果，结合数字经济产业与产业结构相结合后现阶段的成长状况，将数字经济产业本身的成长作为基础，使融合改进成长成为主要干线，将政府实施的治理作为必要手段，给出我们国家产业结构良好提升的一些观点，总的来说分为以下方面：

一、增加数字经济产业的发展力度，提升数字经济产业成长标准

凭借之前我们所说的实践证明剖析结果，数字经济产业的平稳成长可以明显

地推进产业结构良性提升。目前阶段我们国家正处在产业结构相关方面进行调整的重要时期，要适应当前经济成长新形式常态化的规定，增加将产业结构进行妥善调整的速度，达到经济形式改进提升的重要目的。数字经济产业成为高科技新技术的现代化产业，渗透到各项产业之中已经引起了崭新的产业改革，产业成效的提高与崭新产业的扩展发挥了关键的作用，使其自身对于产业整体结构提升形成了动力。所以，加大对数字经济产业的发展力度已经成为我们国家经济形式改进提升的首要任务。

首先，建设出数字经济产业可以推进产业整体结构形式改进提升的专业部门，主要作用是推进数字经济产业帮助推动产业整体结构改进提升有关政策与成长计划的制定，增加对数字经济产业成长的关注度与帮助力度。

其次，完备数字经济产业基本设施的构建，提高重要网络的实力。伴随数字化不断成长，以往的最根本网络已然没有办法再满足未来互联网科技对于网络设备的标准，还需要搭建适用于现阶段社会智能化成长的具有数字化的基本设备。未来的网络基本设备从硬件设施中要不停地展开推进，同样软件问题上也要大力发展。第一要进一步推动4G/5G等其他基本设备构建与发展，给予极速的网络化服务；第二是增强云计算设备中心与大数据相关平台的布置与使用，使数字传播输出途径更加丰富，拓展数据存储的空间，使智能化的运营模式更加完善；第三是提升网络基本设备建设的速度，保障广泛存在的网络实施连接。第四是提升形成平台化建设的互联网云服务的速度，使各产业形成的平台化成长获得基本设备，推进行业之间跨界共赢。

二、使数字技术的创新体制更加的完善，提高数字技术的改进的实力

数字技术其实可以看作是数字经济产业持续成长的根本，也是产业整体结构提升的效果力。目前阶段我们国家在数字技术成长中获得了比较好的成果，可是因为技术改进具备的能力整体偏低，重要部分的技术极度欠缺，让我们国家产业方面的成长依然略显弱势。提升关键技术改进的实力，紧紧掌握数字经济产业的成长机会，推进我们国家产业整体结构利用数字技术的帮助，不停地改进提升。可以通过下面几点来提升数字技术改进的能力。

第一，优化改进研究开发中的条件，事先设置好专利。增加对于企业改进的支持信心，在企业改进的我国中心实验室，强化企业、科研院所和高等院校合作；增强对于技术型的企业与科研组织实施改进的资金支持，提升企业重点技术的研究开发的能力；研究开发出重要成果的期间，需要事先设置相关技术的专

利,增强对知识产权的保护,牢牢把握住改进的主动性权利。

第二,积极培育具有融合型的技术能人。在数字经济的条件中,不停地开发崭新的产品和崭新的服务,提升技术型人才标准,在数字经济产业融入历史性产业的途中,充分认识历史性业务的同时还要充分认识网络形式中的复合型技术人才。其一能将国外高级的技术能人吸引进来,尤其是熟懂数字科技、能源科技、工业科技的复合型能人,为我们国家的数字经济成长技术人才支撑;其二能够推动高等院校与企业展开合作,培养出能够懂得历史性业务的同时还熟懂网络模式与相关科学技术的复合型能人,为数字经济成长给予智力上的支持。

第三,增强对于数字技术方面的使用。在推进技术改进的阶段同样还需重视对于未来崭新的数字技术的使用,努力在各个关键领域中优先投入使用;增强数字科学技术在历史领域中的使用,推进数字科学技术融入各行各业的技术当中,提升突破历史产业的技术改进与互相交叉的领域中的技术,推动我们国家产业整体结构有效改进提升。

三、提升数字经济产业融入历史性产业的速度,推进产业整体结构改进

提高历史性产业修改速度,达到产业提升,是我们国家产业整体结构实施调整的关键步骤。数字经济整体产业具备改进能力与渗透能力以及带动能力的优点,开通下游与上游的产业链,提升数字经济产业中的企业融入历史性企业中的速度,能够帮助历史性产业加以修改,而且还可以促进崭新的业态与崭新模式的形成,对于产业整体结构改进提升来说有关键作用。

第一,借用数字化方法对历史性农业加以修改。我们国家农业方面现代化具备的水准较低,需要借用科学的数字技术来完成农业方面的提升。推动数字的科学技术在农业范围当中的改进与使用。在农业信息的正规体系、信息的收集技术、非真实性的设计技术、温室智能化操控等其他系统研讨与使用当中提升速度,把互联网科技、智能科技等科学术和农业形成结合状态,构成具有数字化的农业体制,使农业的生产环节具备智能效果,生产的途中实现实时监测,将农业的产品通过网络与传统贸易形式进行销售,减少农业在生产过程中的资金成本,提升农业在生产过程中的效率;第二点,提升建立农业相关信息的服务平台速度,向农民群体给予具有智能性的产品与相应的服务,支持农民获取更加精准的信息与学科技术,指引农业的生产,妥善共享农业具备的资源,提升农业方面的数字化水平。

第二,提升数字经济整体产业朝着制造业方面的渗透速度。这些年,我们国

家智能设施改进获得了突破，可是若想建设成制造业的大国，达到制造业的大幅度成长，还要提升数字经济整体产业完全融入制造业当中的速度，推进制造业获得智能化与数字化成长。第一点要增强对于数字科学技术范围上的合理布局。扩展数字改进的空间、创立特殊区位环境等推动人工智能、3D 技术、数据块等其他项目的建立，主动引领，推动关键范围智能化产品的改进。第二点需要提升工业网络平台成长建设的速度。工业网络平台是数字经济整体产业和制造业互相融入的支撑点，要围绕着具备优势的行业进行发展，打造国家级别的工业网络平台，建设全面性具有系统化的平台体制，指引具备优势的工业企业开展工业云平台的发展，支持利用网络平台提供服务的企业建立其主体之外的客体云平台的速度，推动工业信息与工业数据朝着云平台方向进行转变。第三点需要进一步将数字科技投入制造业范围中进行使用。提升传感器与操控系统以及网络信息宣传系统等其他科技融入制造业科学技术的速度，增强数字科技投入制造业范围内的使用；增大力度开展智能化性质的工厂发展，提升智能化性质生产的速度；推动不同环境中使用方式的改进，提高制造业形成的数字化水平。

第三，提升服务行业中数字化脚步的速度。我们国家服务行业在整个行业中的比例逐渐地增加，可是和科技先进的国家比较依然具有相当大的差距。重点关注服务行业当中的数字化成长水平，对我们国家服务行业方面的成长具有重要的意义。建立和数字科技结合在一起的商业形式与产品改进方法，为服务行业给予更广阔的成长空间，充分利用数字科技存在的优势，提升数字科技融入服务行业的速度，运用互联网平台为服务行业成长提供支撑，让服务的每一个步骤都能够达到智能效果，提升服务成效，凭借数字化的快速成长加速信息类、金融类、物流等其他服务行业和制造行业的结合程度，拉伸产业链接，推进融合共同成长，使产业整体结构得到改进与提升。

第四，使治理的体系更加完善，给数字经济产业的成长创造出绝佳条件。在数字经济成长历程中，除市场对于自身机制进行的调整，同样也需政府给予指导方向，给数字化成长创造出更好的生存环境。

（1）加强数字经济有关范围内的法制与相关管理的建设。制定针对数字经济相关的法规，推进数字经济成长，积极调整目前已有法律中对现阶段数字经济成长不利的条款。

（2）降低网络中存在的风险。伴随网络化的逐渐成长与数字化陆续成熟，数据信息发展的速度非常惊人，网络中存在的隐患最需重点关注。首先需加强网络安全方面实质性的技术拓展，增强网络的防御力；其次提高对于信息与数据方面的管控,重点关注对数据自身产权问题的监管,增加数据安全问题的管理,熟知且主动落实关于网络方面的各项法律法规,提高现实中网络安全的水准。

(3) 推动同步管理,提升管理质量。伴随数字科技逐渐融入实体经济,包括平台经济的成长,其中存在的负面问题也陆续体现出来,市场中混乱的现象频繁,所以需明确将网络平台具有的责任进行划分,探索各部门相互作用下的管理方式,构建多方参与的管理组织,给数字经济产业成长创造优良的环境。

四、研究结论和建议

研究表明,从河南省各地区数字经济发展水平来看,目前河南省数字经济发展缓慢,且各地区数字经济发展不平衡问题较为突出,区域数字鸿沟问题日益凸显。从数字经济发展对产业结构的影响来看,数字经济发展对不同产业结构具有差异化影响。但就整体而言,数字经济发展可以显著促进产业结构合理化和产业结构高效化,可以有效推动河南省产业结构升级。基于理论分析和实证检验,提出以下建议。

(一) 培育数字产业人才,增强产业升级活力

数字产业人才是一个地区数字经济发展的智力源泉。规模布局数字经济产业,推动产业升级,必须积极培育数字产业人才。一方面,要推进数字教育改革,创新人才培养。支持由政府牵头,校企联合培养适应社会发展的数字经济复合人才,为数字产业发展设专业,为技术发展调内容,真正实现产教融合,探索出一条人才培养与产业发展相辅而行的道路。另一方面,数字信息技术的全民普及也要跟上,提高公众数字素养和数据技术应用能力,为数字经济的健康发展打下基础。劳动力数字素养的提高能够转化为产业结构升级的活力,进而推动产业结构高端化。

(二) 加大数字技术自主创新

数字技术创新是数字经济长期发展的动力。数字技术创新发展与应用成为推动产业数字化转型的核心力量,同时开辟了新的产业模式,促使产业结构不断优化升级。要把数字技术创新放在促进产业结构转型升级的首要地位,加大研发投入,提高数字技术基础研发能力,体系化提升基于数据的技术创新,继续打好数字核心技术攻坚战,及早布局前沿科技研发,着力构建多层次的数字技术创新体系。将数字技术创新广泛应用于各个领域,推动形成新型产业体系,促进产业结

构优化升级。

(三) 缩小数字经济鸿沟，优化发展格局

由基础设施差异、数字信息流动受限、数字产业发展良莠不齐等导致的数字经济发展水平差距逐步演化成区域数字鸿沟问题。目前，数字经济地区发展不平衡问题成为阻碍河南省产业结构升级的重要因素。缩小地区数字经济发展差异，优化产业发展格局，一方面要继续巩固郑州等优势地区数字经济发展成果；另一方面，要搭建省内各地区资源共享平台，运用政策适度引导数字要素资源向省内欠发达地区流动，大力推进数字信息基础设施建设，鼓励配套人才向落后地区移动，发展落后地区数字产业，构建更加合理的产业格局。

(四) 加快数字经济与实体经济产业的深度融合

数字经济与实体经济产业的融合为产业结构优化升级带来新机遇。要将数字技术灵活运用到多个领域，对实体经济进行数字化改造，从生产端到消费端，推进数字技术应用，发挥其在资源有效协作和产业链优化方面的积极影响。因地制宜，探寻数字经济与地区产业融合方式，形成数字产业集群，加速当地产业结构调整，并引导要素在产业间优化配置，进一步推动产业结构优化升级。

总之，数字经济在目前阶段迅速发展，各行业对数字经济产生的依赖性都逐渐增加。推进数字经济融入实体经济中，加大力度推进数字经济稳定发展，帮助推进产业结构形式转变与提升，可以对资源配置进行相应的优化，促进经济成长方法改变，开拓经济成长空间。大家应该把握住机会，勇于直面挑战，使之站立在信息时代潮流的最顶端。

第五章　河南省跨境电商运营情况

2014年5月10日,习近平总书记在河南省考察期间鼓励河南省跨境电商迈向"买世界,卖世界"的目标。六年来,郑州、洛阳、南阳跨境电子商务综试区相继获批,河南省进入跨境电子商务"三驾马车"主导,联合发展的新格局。

河南跨境电商综试区与自贸区、航空港、大数据综试区和自创区等新平台互相融合,打破了郑州作为内陆城市的局限,以积极的态度开展经济开放活动,促改革、促创新、促发展。依靠国家战略叠加支持,充分利用四条"丝绸之路",构建了现代化物流、交通和服务体系。高水平的社会开放促进高质量发展,制度创新促进河南在中国的总体对外开放战略中发挥更大的作用。

2020年初,新冠疫情肆虐,跨境电商发展受到冲击。在新一轮的开放浪潮中,河南跨境电商将面临更加严格的国际标准和环境标准。因此,河南省进一步改善营商环境,采取多种措施,确保跨境电子商务发展健康稳定。

第一节　数字政府背景下营商环境的经验启示

《2020万家民营企业评价营商环境报告》中杭州、北京、上海三个城市名列前茅。本章选取杭州、北京、上海3个在营商环境中表现优秀的城市,旨在通过阐述杭州、北京、上海在数字政府背景下优化营商环境的手段,总结归纳城市做法,为郑州乃至其他城市营商环境的优化提供可借鉴可操作的经验。

一、数字政府背景下杭州营商环境建设模式

由全国工商联发布的全国营商环境调查报告显示,杭州营商环境在2019年、2020年、2021年,连续三年满意度得分在全国城市排名第一。杭州市的营商环境优化工作扎实稳定,并能持续不断探索、改革和创新发展。近年来,杭州市有一批以阿里巴巴、网易为代表的高新技术企业兴起,这批企业的涌现,离不开杭州市良好营商环境的沃土。目前,杭州市在数字政府背景下,营商环境的优势主要集中在借助"互联网+政务"平台,打造城市大脑等数字政府的实践,提高政府职能部门的服务意识、利用数字化办公的手段。围绕数字化的一系列变革,持

续优化杭州市的营商环境，推动全杭州市利用信息技术跨部门、跨系统优化发展，为全国各地区提供可以借鉴的经验。杭州市以"放管服"改革为统领，大力推进"最多跑一次"改革，突出"一件事""跑一次"的标准，为企业和群众带来了极大的便利，使得营商环境水平得到明显提升，不断吸引国内外的人才和资金，促进当地经济活力化，良性发展。在实施"一件事"方面，杭州并没有推行之后任其发展、停滞不前，而是进行持续不断的优化。将原有的282项单独事项合并优化为75项事项；将原有事项所需的1 165件材料，精简为现在的628件；将原需跑办事窗口233次，精简为67次，不断改革，不断探索，以群众需求为自身需求。并在"一网通""开办企业""转供电费码"多个方面，在全国首创开发，受到群众好评，城市便利程度全国领先。

二、数字政府背景下北京营商环境建设模式

北京作为中国的经济政治和文化中心，各项改革措施基本走在前列。数字政府背景下优化营商环境方面，北京走出了一条独特之路。在推进国家任务落实的基础上，北京市进一步深化改革，在数字经济、数字政务、招标投标、投资贸易、市场退出机制、知识产权、监管执法等领域改革创新，形成了一批可以复制的北京营商环境优化经验。目前，北京市在房建、市政、交通、水务、园林等全部领域，投标、开标、评标、中标公示、合同签订、资金支付等全流程均实现"一网通办"，大幅提升了市场开放度、透明度、便利度，为各类市场主体进入市场创造更加公平的机会；北京市率先制定数据交易规则，积极与国际规则对接，利用信息技术，推动金融、信用、医疗等在全球跨境交流，为北京市营商环境走在世界前列提供有力支持。北京市不断改革，持续优化营商环境，从2017年开始，陆续推出优化营商环境1.0版、2.0版、3.0版、4.0版共672项的营商改革措施。2021年，北京市在往年经验的基础上，印发了《培育和激发市场主体活力持续优化营商环境实施方案》，这是北京市第5次集中出台营商环境改革举措，也可称为5.0版。

2021年，北京市在以往营商环境经验的基础上，出具5.0版营商环境，共包括12个方面的具体要求和具体层面299项具体任务。北京市以不断深化"放管服"改革为总体要求，始终把人民的幸福感、企业的获得感放在首位。在数字政府背景下，营商环境的优化以数字化引领，强调制度和技术的不断革新，在场景应用上强调全方位的协同化应用，不断更新优化营商环境。

三、数字政府背景下上海营商环境建设模式

世界银行于 2020 年发布的《中国优化营商环境的成功经验》中，在中国执行合同领域，上海权重占比 55%，在全球营商环境实践中名列前茅。上海市的营商环境也在持续不断更新优化。2017 年以来，上海市营商环境经历了四次更迭优化，从最初的 1.0 版本升级到目前的 4.0 版本，在近几年的更新优化中，对于上海市营商环境的要求，法治环境不断被强调优化。经过不断的优化，上海市营商环境 4.0 版本，已经全面完成了上海市在各个方面营商环境各阶段的要求，还助力我国在世界银行发布的营商环境排名中，位于世界前列。上海市优化营商环境 4.0 版本，继承了以往优化营商环境成功的经验，在以往基础上不断优化更正，在优化政务环境、提升企业管理服务、推动法制化环境、营造公平自由市场环境几个方面提出具体 31 项改革任务，并针对这些任务做出 2017 项具体细则，不断优化营商环境。上海市已经实现政务服务 95% 网络办理，持续不断优化政务环境，为企业和群众带来极大便利。不断推广电子合同、电子印鉴、在线身份管理的服务，结合大数据技术的发展，实现了企业高频事件网络化办理全覆盖，为企业带来了极大的便利。其中，部分企业高频应用事件，还创新实行"无人干预自动审批"。该项举措的创新提出，无须人工干预，均可由系统电子化自动审批，极大提高了高频事项的审批效率。

四、经验启示

一个城市竞争力、吸引力和创造力的根基就是营商环境。杭州市强化数字赋能，创新法治和信用体系建设；北京市利用大数据、物联网等智能科技，对营商环境不断优化更新，为企业和群众带来了极大便捷；上海市擅长使用科技创新技术，拥有先发优势。数字政府背景下，营商环境的建设有了全新的要求和挑战，高效利用数字化技术提升政务服务效能，能够助推营商环境的体制改革，为一个城市的高质量发展奠定核心竞争基础。

第二节 河南跨境电商营商环境现状分析

一、河南跨境电商发展现状

2013 年郑州电子商务试点城市，河南跨境电商得到迅猛发展。此后，郑州、

洛阳和南阳跨境电子商务综合试验区相继获批，河南持续推动贸易形式改革，利用其在航空、物流等方面优势，进一步推动了跨境电商快速发展。近年来，河南大力推动跨境电子商务发展，取得了显著成绩。

2020年9月，河南国际数字贸易研究院发布了《中国跨境电子商务综合试验区指数（2020）》，标志着第四届全球跨境电子商务大会拉开帷幕，在15个跨境电商综试区中，郑州位列第5名。

河南创新跨境电商线下自提模式，开通中欧班列（郑州）首列跨境电商列车，带动了郑州本地如宇通重工、荣盛耐火材料等企业开展跨境电商业务。作为内陆地区，河南在跨境电商发展方面极力克服地理位置的劣势，自中国（郑州）跨境电商务综试区获批以来，跨境电商交易额逐年增加，增长额高达20%，2020年增长率下降到10%左右，河南跨境电商出现先发优势减弱迹象，后续发展力不足。

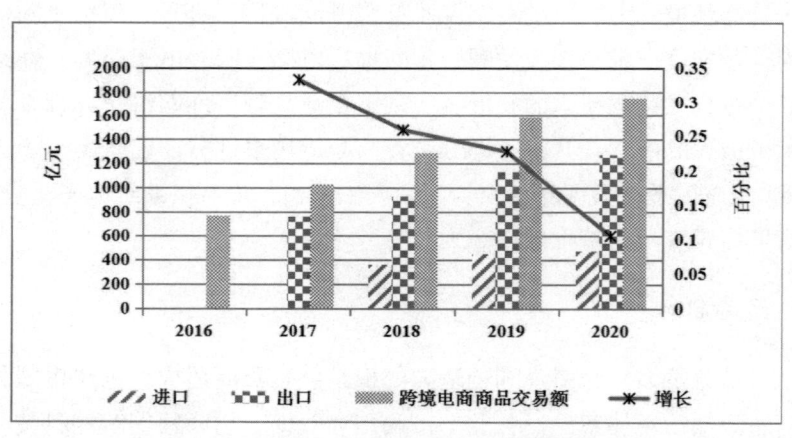

图 5-1　河南省 2016—2020 年跨境电商商品交易额
（数据来源：河南省商务厅）

综上，河南跨境电商相继获批三个跨境电商得到强劲发展，尤其是 2017 年跨境电商的交易额增长幅度高达 30%以上，但此后河南跨境电商的交易额增长幅度逐年下降，表明河南跨境电商的发展需要更多动能助力。

（一）陆空交通基础建设逐步完备

郑欧班列建设 7 年以来，不断完善发展，已经由单一的铁路运输发展成为国家级多式联运示范工程；从最初的火车业务进入国际贸易，实现"运贸一体、运贸一体"的发展。郑欧班列自 2016 年以来，开行班次逐年增长，进出口货值增长迅猛（见表5-1），2020年在海外疫情持续恶化和蔓延的时期，郑欧班列凭借低成本、量大、安全和快速，承担了支持海外国家运输抗疫情材料的任务。

表5-1 郑欧班列开行班次及进出口货值

年份	班次	班次增长	进出口货值（亿美元）	货值增长
2016	251	60.00%	12.9	80.60%
2017	501	99.60%	27.4	112.40%
2018	752	50.10%	32.1	17.20%
2019	1000	33.00%	33.7	5.20%

（数据来源：郑州市统计局统计公报）

在航空基础设施建设方面，新郑机场基本形成了覆盖中国、美国，以及欧洲、大洋洲主要内陆城市的航线网络，并且国际货运量大于国内货量，总货量大于客机腹部仓库，进出口货量基本平衡。2012年以来，新郑机场国际飞行架次和国际航线里程整体呈上升态势，2016年以来，助力河南跨境电商发展，新郑国际机场货邮、旅客吞吐量增长在10%以上，甚至一度达到了20%（见表5-2），陆空交通设备的完善为河南跨境电商的发展奠定了坚实的基础。

表5-2 郑州新郑国际机场货邮、旅客吞吐量及增长情况

年份	货邮吞吐量（万吨）	货邮增长	旅客吞吐量（万人次）	旅客增长
2015	40.3	8.90%	1 729.7	9.40%
2016	45.7	13.20%	2 076.3	20.00%
2017	50.3	10.10%	2 429.9	17.00%
2018	51.5	2.40%	2 733.5	12.50%
2019	52.2	1.40%	2 912.9	6.60%

（数据来源：郑州市统计局统计公报）

（二）各项国家战略叠加支持

河南跨境电商综试区与自贸区、航空港、大数据综试区、经开区和自创区等

新平台互相融合，互相助力共同推进河南开放经济的发展，国家战略的叠加支持有助于更多优质资源向河南聚拢，也为加速跨境电商的发展提供了历史机遇。

具体而言，郑州机场综试区高端制造业正在聚集，机场产业集群不断壮大，货物吞吐量快速增长，区域经济外向度快速提高。建设内陆开放高原，聚集高端生产要素，进行高端产业转移已成为河南的战略突破。战略叠加支持帮助河南聚集多种生产要素和优势资源，为信息寻找新的经济发展机会提供了条件。

跨境电子商务是一种新的国际贸易形式，没有可用的现成模式。它需要改善生态系统，并通过系统、管理和服务创新来促进工业发展。为了实现贸易便利化，河南在监管体制方面，启动了"电子商务+邮政监管+保税中心"的通关监管模式（即"1210"跨境保税进口模式），对跨境电子商务进口商品和电子商务企业实行"双重分类"，进行差别化监管，为跨境电子商务的发展提供了"郑州模式"。目前，该模式已经在其他地区进行了全面测试。在特别监管区，允许在同一地点存储和处理多种商品，并在同一区域实现在线保税进口，直接购买进口，区域出口和一般出口四种零售进出口方式。2020年，河南省正式启动跨境电子商务企业对企业的监管试点，促进跨境电子商务B2B企业通关的便利。

二、河南营商环境现状

2019年2月，习近平总书记深刻阐述了"法治是最好的营商环境"这一论断，2019年3月，李克强总理在2019年政府工作报告中提到要"着力优化营商环境"。当前，在国家中心城市建设、跨境电商综试区发展等新形势下，营造优良国际营商环境是河南的必然要求。

近年来河南省各地注重以改革推动营商环境优化，出台了系列政策举措，推动全省营商环境持续改善提升。2020年2月24日，河南省引入中国科学院地理科学与资源研究所，对17个省辖市、济源示范区、郑州航空港区营商环境情况开展独立评价，编制并发布《河南省营商环境评价报告》。比起长三角和珠三角地区，河南省优化营商环境的改革依然在路上，面临着区域营商环境差异大、不平衡等现实问题。《报告》显示，河南营商环境呈现"中心强，外围弱"的圈层分布格局和"北部与西部较高、东部和南部较低"的区域分布特点。

2020年12月，由粤港澳大湾区研究院、21世纪经济研究院联合发布的《2020年中国296个地级及以上城市营商环境报告》显示，郑州第17位，在平均工资、人才吸引力、市场主体数量和社会服务等方面，与北京、上海、长沙、西安、杭州还有一些差距。2021年1月1日起《河南省优化营商环境条例》正式实施,这是一部以法治护航营商环境的重要地方性法规。

关于营商环境优化的具体措施,目前河南在以下方面的做法得到了企业的认可,也较为成熟,值得其他地区借鉴。

(一)"政银合作直通车"模式

为加快推进"一次办妥"政务服务,河南政府部门与工商部门和银行深度合作,开展"政银合作直通车"模式,这种模式将"政银合作"的代理工商登记服务扩展到银行。通过省工商网上登记系统,一次性完成所有工商登记手续,为企业提供一站式、全过程服务。这一模式是"证照分离"改革的重要组成部分,可以深入推进商业体制与金融服务的融合。由此模式衍生的电子口岸对接平台,可以加快跨境企业与综合保税区、保税区之间通关的实现。平台与多个部门的数据连接,还可以通过与其他多种类型企业的连接,提供物流、金融等供应链服务。郑州地区扩大了模式,向其他主要商业银行辐射,增设了更多的代理银行网点,提供的便利工商登记服务的范围和功能逐步扩大,并继续朝着方便高效合理化的方向发展。

(二)"证照分离"改革全覆盖

为进一步简化企业经营许可手续的办理流程,河南开始实行"证照分离"全覆盖改革,对中央确定的523项与经营许可有关的事项实行"先证后减"和简化审批政府管理。主要做法是将外贸企业的审批手续做如下处理:一部分取消审批,一部分改为备案,还有一部分改为通知承诺,其余采取或压减材料或延期或其他优化审批措施。通过此项措施,大幅缩减企业的办理时间,并通过开通线上外贸企业开办等"一件事"服务,让企业充分享受改革红利,既从整体上解决"无业准入"问题,又为创业企业的经营创造良好的基础条件,服务企业的能力和效率大幅提升,增强了河南对外资的吸引力,政府服务"网上办"成为趋势,新增企业数量随之上升,增幅较为明显,充分释放了市场活力。

(三)跨境电商"多模式综合监管"模式

跨境电商企业业务流程复杂,涉及不同区域和场所,需要接受多个部门和机构监管,导致监管部门资源分散,监管场所的建设和维护成本高,通过监管模式创新,既提升了财政资金使用效率,也降低了企业的成本,促进跨境贸易便利化。具体做法是:实施企业信用管理,鼓励企业申请为海关认证企业,以此为基础，依托信息化，允许不同类型跨境商品在同一区域存管、接受监督等，降低企业各项成本，提高企业竞争力。某电商企业仅退货仓库管理成本每月就可节省9.5万元，物流运输时间可节省一天，极大降低了物流成本，竞争优势明显加大。在事后监督管理环节，利用大数据信息技术，依据跨境商品溯源信息，整合全链条流程信息，对商品进行精准身份识别，实现分类管理。

（四）市场主体对营商环境的满意度提升

为了解河南跨境电商企业对营商环境的满意度，笔者通过问卷星、线下走访等形式，向河南跨境电子商务产业园区发放了调查问卷，主要涉及华南城、云时代电商产业园、洛阳五洲产业园、郑州全球跨境E商务产业园、赛格跨境电商产业中心、金水一带一路经贸产业园等，共完成调查问卷60份，有效问卷47份。

表5-3 跨境电商企业对营商环境的满意程度调查

指标		满意 样本数	满意 百分比	一般 样本数	一般 百分比	不满意 样本数	不满意 百分比	不知道 样本数	不知道 百分比
政务环境	政府服务	20	42.55%	18	38.30%	7	14.89%	2	4.26%
	行政审批改革力度	37	78.72%	8	17.02%	2	4.26%	0	0.00%
法治环境	立法情况	31	65.96%	12	25.53%	4	8.51%	0	0.00%
	司法情况	27	57.45%	12	25.53%	2	4.26%	6	12.77%
	执法情况	4	8.51%	7	14.89%	15	31.91%	21	44.68%
经济与市场环境	经济开放	25	53.19%	10	21.28%	9	19.15%	3	6.38%
	金融环境	24	51.06%	16	34.04%	5	10.64%	2	4.26%
	市场配套	22	46.81%	15	31.91%	2	4.26%	8	17.02%

续表

指标		满意度							
		满意		一般		不满意		不知道	
		样本数	百分比	样本数	百分比	样本数	百分比	样本数	百分比
社会人文环境	创新环境	2	4.26%	17	36.17%	6	12.77%	22	46.81%
	人力资源	18	38.30%	18	38.30%	2	4.26%	9	19.15%
	宜居环境	21	44.68%	15	31.91%	8	17.02%	3	6.38%
	文化建设	39	82.98%	5	10.64%	2	4.26%	1	2.13%

（数据来源：问卷调查结果）

由上表可以看出：政务环境中的政府服务满意度低于50%，评价一般的占比38.30%，法治环境中的执法情况的满意度较低，经济市场环境中的市场配套满意度低于50%，社会人文环境中的创新环境、人力资源和宜居环境的满意度均低于50%，这表明：

（1）企业对政府服务的满意度不够高，部分企业认为政府部门对企业需求的响应度的不够，企业的诉求不能及时得到支持和满足；企业对行政审批改革力度评价较好，这得益于郑州市一直推行的"放管服"改革，企业办事过程中的审批流程逐步减少，政府办事流程规范性日益提升，"郑好办""豫事办"等在线服务平台响应较好，政府部门办事效率逐步提高。

（2）法治环境中的执法工作的满意度不够高，部分企业认为对知识产权保护的执法力度不够，合同执行效率不高，一方面是基于跨境电商的支付方式的固有风险，另一方面也是跨境电商目前处于红利期，其他企业出于逐利需求不惜违反知识产权相关法律，想要获取利益；企业对立法公开程度和法院和仲裁机构的信心较足，这与河南对跨境电商的重视程度是密不可分的。

（3）经济与市场环境中的市场配套的满意度稍低，部门企业认为除了依靠政府，社会组织和行业协会的支持也是极为重要的，但河南的跨境电商社会组织和行业协会支持力度都不够大。

（4）对于社会人文环境，创新环境得分较低，企业认为全社会研发投入占GDP比重较低，自主知识产权、高新技术产品产值不够高，出口商品技术含量低；企业本科以上从业人员比重不高，跨境电商专业人才不够多；对于河南的环境宜居情况，部分企业认为河南尤其是省会郑州空气质量优良天数不够多，对于文化建设，企业认为河南国际赛事和活动举办数量越来越多，文化艺术活动更加丰富。

基于上述调查结果的分析，可以得出结论：

（1）整体而言河南跨境电商发展空间较大；

（2）河南营商环境在不断改善；

（3）河南跨境电商营商环境还有进步的空间，营商环境的优化对于促进跨境电商的发展有极为重要的作用。

第三节　河南跨境电商营商环境存在的问题

为促进外商投资和跨境电商的发展，河南省出台了相应的政策来创造一流的商业环境。但是缺乏高质量的突破和创新政策，从其他地区复制的成功案例，不能和河南实际情况结合起来，执行情况不容乐观。如近几年河南省新签订外资协议金额较实际利用外资金额较小，相关跨境电商专业人才缺乏，跨境电商贸易市场稍显单一，出口贸易大多数集中在机电产品上，进口贸易较出口较少，市场创新环境不好，营商环境法治化不够完善等。

面对复杂多变的国际环境和极具竞争力的国内环境，河南省积极探索改善营商环境，但相较于浙江、广东等地，河南跨境电商还存在一些问题，具体来看，河南跨境电商营商环境存在以下问题。

一、利用外资程度不高

发展跨境电商过程中，"引投资、稳外资"发挥重大作用，不能过度依赖外资，但更不能否认外资在经济发展中不可忽视的作用。河南实际利用外资金额自2014年开始逐年升高，到2018年和2019年逐渐平稳（见图5-2），外商协议签订金额和实际利用外资直接投资金额存在差距，这主要是由于外商投资存在项目资源匮乏、对接困难等问题，需要加强满足企业投资实际需求的政府服务供给。2020年，河南省实际利用外资金额12.7亿美元，下降16.7%，降幅大于全国21.2个百分点。

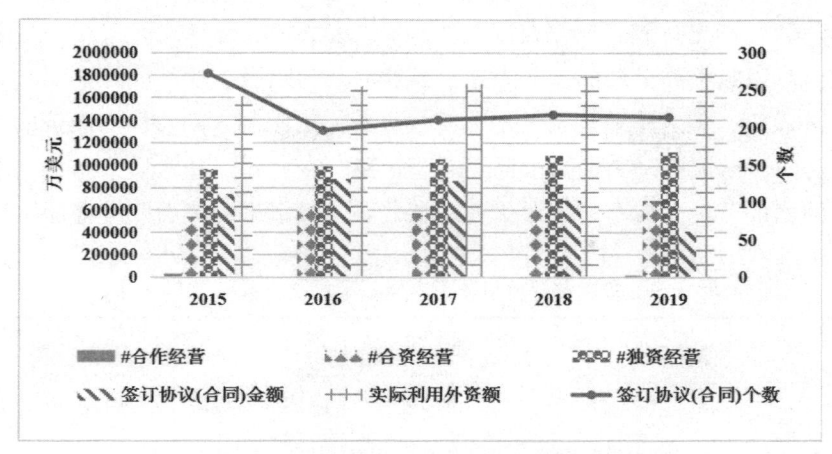

图 5-2　河南省 2015—2019 利用外资情况

（数据来源：河南统计年鉴）

从产业分布看，外商投资增长大部分集中在制造业和服务业，对外开放程度不足，高新技术和新兴技术产业所占比重较小，部分投资不能按时形成实物量，对经济的支撑作用还不够，市场参与者的活力还没有得到充分激发。

二、简政放权不彻底

河南虽然加大了简政放权力度，积极推行"政银合作直通车"和"证照分离"等模式，但仍然存在审批慢、市场准入限制不合理等问题，"最多跑一次"尚未完全实现；"一网通"等在线服务平台界面不友好、不简单，缺乏移动终端处理渠道等，导致在线服务利用率低，影响了"大众创业、万众创新"的积极性和活力。部分地区行政部门不作为，市场监管不力，导致存在不正当竞争，假冒伪劣产品盛行，严重影响市场活力和消费者信心。对于违法行为，又出现监管不当、执法不力等问题。一些部门服务意识不够强，政务服务便利化水平有待提高，手续不够精简，市场退出机制复杂，部分审批项目的审批时限应进一步缩短。政府与企业之间的沟通渠道少，企业信用信息的收集和挖掘不足，实行信用联合激励和惩罚措施不到位。

三、专业化人才缺乏

河南跨境电商营商环境的高质量发展需要高端人才的支撑。但在实践过程中，却面临着"选人难、高端人才成本高、政策禁令"等困难。河南劳动力成本相对较低，虽然河南劳动力成本逐年增加，但 2019 年职工平均工资 68 305

（见表 5-4），尚未达到全国平均工资 93 383 元，并且还有一定差距，劳动力成本低，就难以吸引高素质的专业人才。虽然河南为吸引人才，已经推出"智汇郑州"人才政策，但对毕业年限、毕业院校等有一定限制，随着河南经济的高质量发展的势头，普通劳动力的需求已经趋于平稳，专业化、高素质人才的需求日益加大。河南的劳动力成本的相对优势逐渐减弱，其带来的负面效应愈加明显。

表 5-4 全国及部分省区市人口、工资及投资（2019 年）

地区	常住人口（万人）	在岗职工平均工资（元） 国有经济	在岗职工平均工资（元） 城镇集体经济	固定资产投资增速（%）	房地产
全国	140 005	93 383	102 709	64 499	5.4	9.9
上海	2 428	151 772	174 728	84 587	5.1	4.9
浙江	5 850	101 996	149 036	67 020	10.1	7.4
河南	9 640	68 305	78 036	58 287	8.0	6.4
湖北	5 927	81 524	91 665	55 560	10.6	8.9
湖南	6 918	77 563	87 187	54 756	10.1	12.7
河南为全国%	6.9	73.1	76.0	90.4		
河南居全国位次	3	31	26	20	12	22

（数据来源：2020 年度《河南统计年鉴》）

跨境电商要想获得长久稳定的发展，专业的跨境电商人才必不可少，然而，目前从事跨境电商相关行业的人员多数为国际贸易、电子商务、市场营销等领域人员，2020 年，教育部公布了《普通高等学校本科专业目录（2020 年版）》，新设跨境电子商务专业，在此之前，河南甚至是全国鲜有高校开设此专业。2020 年，全国 7 所高校获批开设跨境电子商务专业，2024 年才有第一批跨境电子商务专业本科生，在开设跨境电子商务专业的高校中，浙江省有 3 所，湖北省、广东省、云南省和吉林省各 1 所，河南在未来能否吸引到专业人才，以及何时有高校开设相关专业还未可知。此外，引进国际人力资源还不够，跨境电商的发展离不开对外开放，而在国际产能合作过程中，河南省懂外语、会国际经营，掌握先进技术的人才较少。

四、跨境电商产品不够丰富

河南跨境电商进出口商品数量较大,但规模较为单一,出口产品大多数集中在机电产品和集成电路上。2020 年,河南机电产品出口 2 820 亿元,增长 4.4%,其中手机出口 2 314.8 亿元,增长 6%;劳动密集型产品增长较快,农产品、铝材出口下降。其中主要以富士康科技集团鸿富锦精密电子(郑州)有限公司的手机出口为主,贸易市场发展不均衡,少有其他较为大型的企业,对部分企业依赖程度较高,出口产品品牌影响力不高,产业链技术含量不高。

五、创新程度不足

2020 年 1 月,中美两国签署了《中华人民共和国政府和美利坚合众国政府经济贸易协定》,提出要避免竞争性贬值,加强对知识产权保护力度以及执法力度,确保营造一个健康、有序的外商投资环境。

专利申请代表对专利技术潜藏的市场的占领,随着全球科学技术竞争的日趋激烈,将技术优势转化为经济利益变得越来越重要。由于技术创新主体和发明人的专利意识薄弱,以及一些制度上的原因,河南发明专利申请量少,水平不高,虽然河南专利申请量近些年有所上升,近五年专利申请量占全国比重均值为 3.24%,但对标北京、上海、浙江和广东等地,还有很大差距,2019 年专利申请量较 2018 年下降较多。

河南在知识产权保护方面也采取了一些措施,但仍然存在一些因为专利侵权导致的纠纷案件,2020 年河南省专利侵权纠纷行政裁决数量为 562 件,位居全国第 12 次,占比 1.32%,专利侵权案件多,一方面意味着该地区对专利侵权的处罚措施力度不够,另一方面也意味着抄袭的公司较多,该专利能够带来较大的经济效益。

六、法律制度不够健全

河南在优化营商环境的过程中,法律体系不够健全,主要体现在对营商环境的立法保障不够。首先,河南关于营商环境的立法或法律文件缺乏,关于优化营商环境、保障企业高质量发展的措施,多数为政府或者行政部门的工作计划、行动计划、通知等形式发布的行政指导性文件,监管和法律约束作用不够明显,常会导致立法视野相对狭窄,很可能局限于当前或未来短期的发展形势,不能充分考虑营商环境的未来发展,计划和行政指导文件与法律法规相比,适应性和稳定性较差。其次，虽然《外商投资法》已经于 2020 年 1 月 1 日起施行，但河南对涉及促进境内外投资主体开展经营活动的细化程度不够，保护性法规不够健全。最后，优化营商环境的要求以行政文件的形式公开，缺乏强制执行力，不履行法院判决书的企业或者个人会被列入黑名单，但社会信用体系尚不完善，黑名单不具备共享性，没有真正实现对失信人或者企业的惩处。

七、城市建设不够完善

对于城市环境的建设，国务院发布的关于营商环境的条例中没有明确规定，但各地依据本地特点，有不同程度的体现，城市功能是城市价值的体现，是城市影响力不断增强的基础。一些学者将城市竞争力与世界银行的营商环境指标体系相结合，在支持经济发展的同时，要同时改善城市软文化建设，全面提高城市发展中内外部利益相关者的获取感和满意度。

近年来，河南高度重视城市基础设施建设，完善城市功能，在老旧小区改造中深化改革，听取人民群众意见，在绿化方面，打造多个口袋公园，进行滩地修复，建设森林（湿地）公园，城市面貌发生很大变化，城乡基础设施和城市功能日趋完善。但根据评估体系，河南仍然存在一些问题，一些公共设施相对陈旧，与浙江等地相比，用水普及率和燃气普及率尚未达到全覆盖，公共交通客运总量仍有一定差距，部分商务区的车道，街道仍存在"死角路"和"颈缩路"，内部交通不畅通。

第四节 优化河南跨境电商营商环境的对策

一、保障外资权益，激发市场活力

近年来中国的营商环境有了很大改善，这与上海 45% 的贡献率密不可分，可参考上海的外商投资政策，为河南跨境电商外商投资发展提供建议。首先，既要严格确保外商投资的合法权益，也要审查外商投资企业的相关许可证；其次，坚持市场化原则，打破恶性竞争，消除不合理的体制机制，发挥市场在资源配置中的决定性作用，营造公平、有序、健康的市场环境，激发市场活力和社会创造力；最后，对于符合条件的外商投资企业，帮助其认识和了解相关优惠政策，积极对接，促进投资尽快转向实物。

二、深化"放管服",进一步提高办事效率

当前国内跨境电子商务发展的先发优势有减弱迹象,因此要规范跨境电商流程,在合法的前提下为企业提供最大的便利,如上海"网上营业厅"系统的24小时受理、无纸化推广、非工作时间预约、节假日检查程序等。要释放跨境电商的政策红利,加快推进无纸化办公,减少中间环节,减少政府干预市场活力的可能性,提高政府服务能力和水平。要推动事中事后的监督,提升协同监管效率,以市场主体满意度为目标,继续推进政务服务"好差评",打通信息共享渠道,推进政府数字化转型。

三、建设人才培养和企业孵化平台

在劳动力方面,要提高教育水平,加强教育内涵建设,建设应用型高校。要坚持政府引导,主动沟通,努力在重大创新平台取得突破,着力加强跨境电商专业人才的培养,尤其是精通外语,掌握先进技术,拥有先进国际管理经验的高端人才的培养,不断提高劳动力的技能和整体素质,鼓励大学生进行创新创业,实行相应的优惠政策,提高大学生待遇,在政府、大学、协会和企业之间开展合作,建设跨境电商实习实训基地,利用社会资源,为高校人才培养提供支持,帮助学校培养企业需要的实践型、应用型人才,实现学校、学生和企业多方共赢,鼓励跨境电子商务中的企业家精神和创新,为企业家提供空间、人才、技术、财务支持和孵化服务,并促进大规模的企业家精神和创新。此外,需进一步推进"智汇郑州"人才项目的实施,注意人才引进的后期管理,完善退出和淘汰机制,分阶段进行人才评估,以确保人才有效利用。

四、扩宽跨境电商国际市场

要转变跨境电商贸易对象,鼓励开拓国际市场,促进跨境电商产品多元化发展,提高产品技术含量,增强国际竞争力,增强高科技产品比重,既要注重购买力较强的发达国家市场,也要巩固发展中国家的新兴国际市场,加快服务贸易从传统的劳动密集型向资本密集型和技术密集型转变,打造出口商品品牌,制定可行的品牌战略,弥补创新短板,整合技术资源,实现创新资源的最优配置,促进跨境电商产品结构优化调整,应对新一轮科技革命带来的挑战,提高服务贸易对河南跨境电商的贡献。

五、加大创新研发

在技术创新方面,河南要加大研发投入,营造积极向上的创新氛围,深入学习"双创"方面的文件,提高全民创新创业意识,响应国家号召,动态了解并响应市场主体的需求,为创新创业提供政策的温床,鼓励专利申请,加快科技成果转化力度;对于专利侵权案件,以案例形式展示侵权行为和司法保护,提升民众对知识产权保护的认知,加大打击处罚力度,提升全社会知识产权保护力度,形成郑州区域知识产权保护的高地,为市场主体的各类知识产权保护创造良好的环境,对于创新活动采取一定的激励。

六、推进营商环境的法治化

法律是约束效力最高的规则,针对国家在营商环境方面的政策,河南要紧跟步伐,坚持先进性,针对本地具体情况,出台规范的法律文件,积极营造法治化、法规健全、执法力度强的营商环境,积极探索适合河南发展的法律保障体系,为激发市场活力和创造力提供保障,将法制化营商环境建设经验转化为地方性法规,从而更有效地保障法制化营商环境。要针对失信人员和失信企业,加快构建信用监管机制,利用信用惩戒的威慑作用,树立诚信经营的理念,完善社会诚信体系。贯彻社会共同治理的概念,注重新闻媒介和社会监督的作用,普及推广营商环境法治化的各项制度,维护社会稳定,全面促进营商环境的提升。

七、全方位完善城市设施建设

全方位、多角度观测城市宜居情况,对于基础设施,水电燃气等,加强保障,确保用电安全,打造社区街区,提高生活便利度,重视街区改造,重视保障性安居工程的实施,统筹规划,可以工人新村老旧小区改造为样本,促进其他老旧小区、商区等的改造和美化。持续增加城市绿化面积,通过口袋公园等,为居民提供温馨舒适的氛围环境,对于小街小巷,规划街边商铺,畅通非机动车道和人行道,缓解交通拥堵,在保障企业正常运转的情况下,吸引更多跨境电商企业员工在郑州安居。

第五节　郑州市跨境电商营商环境的建设现状

一、郑州市基本概况

(一) 自然资源条件

郑州是河南省会，我国中部地区重要的综合性中心城市，是河南省的政治文化中心、经济发展中心、金融投资中心和科技教育中心。郑州市于中华腹地，腹地市场广阔、自然资源条件优越。郑州市下辖6个区、管理5个县级市和一个县。全市总面积为7 446平方公里，市区面积约1 010平方公里，建成区的面积约450平方公里，郑州市有较大河流50余条，水资源较为丰富。截至2020年，郑州人口约1 260万，是河南省人口最密集的地区。郑州地位广阔、矿产资源丰富，已探明煤、铝土矿、硫铁矿等矿藏资源约36类。2019年郑州耕地面积为314.92千公顷，盛产各类农作物和经济作物，农副产品丰富。但农业在生产过程中存在粗放型经营，未能将产量达到最大化，2019年全年粮食产量149.7万吨，同比下降4.93%。

(二) 产业结构概况

2020年郑州市地区生产总值为12 003亿元，相比2019年增长了413.3亿元；人均GDP为95 257元/人，相比2019年减少了17 882元/人。2017年郑州市地区生产总值为9 193.8亿元，2018年为10 671.1亿元，2019年为11 589.7亿元，2020年为12 003.0亿元，连年递增，说明郑州市经济逐年增长。

2017年郑州市人均地区生产总值93 792元/人；2018年郑州市人均地区生产总值为106 611元/人；2019年为地区人均生产总值113 139元/人；2020年为95 257元/人。由于，2020年突发的疫情，部分行业遭受冲击，使得郑州市的经济增长较为缓慢。

从产业结构来看，2020年郑州市第一产业生产总值为156.9亿元，占郑州市地区生产总值的比重为1.31%；第二产业生产总值为4 759.5亿元，占地区生产总值的比重为39.65%；第三产业生产总值为7 086.6亿元，占地区生产总值的比重为59.04%。

2017—2020年三次产业增加值对比显示，第一产业占地区生产总值的比重较低，四年来变化不大；第二产业增加值，从 2017 年的 4 082.7 亿元，逐年增长，2020 第二产业增加值 4 759.5 亿元，四年来，第二产业增加了 676.8 亿元；2020 年，第三产业生产总值为 7 086.6 亿元，占地区生产总值的比重最大，比重为 59.04%。其中，2017 年第三产业增加值 4 959.5 亿元，2018 年第三产业增加值 6 183.9 亿元，2019 年第三产业增加值 6 834.8 亿元，2020 年第三产业增加值 7 086.6 亿元。第三产业由 2017 年的 4 959.5 亿元增长至 2020 年的 7 086.6 亿元。

2020 年郑州市第一产业增加值 156.9 亿元，占生产总值 1%；2020 年郑州市第二产业增加值 4 759.5 亿元，占生产总值 40%；2020 年郑州市第三产业增加值 7 086.6 亿元，占生产总值的 59%。

（三）人口发展情况

1. 郑州市人口发展基本情况

郑州市常住人口，2017 年常住人口为 988.1 万人，2018 年常住人口为 1 013.2 万人，2019 年，郑州市常住人口为 1 035.2 万人，2020 年年末常住人口为 1 261.68 万人。郑州市常住人口呈现持续增长状态，其中，2020 年的郑州市常住人口，同 2019 年的 1 035.2 万人相比，增加 226.48 万人，增长约 21.88%，增长率为四年最高。

2. 郑州市人口发展对比情况

2020 年，在第七次全国人口普查数据中，各个城市的人口总数排名，郑州市排位第 10 名。所以，选取城市人口总数排名的前十，重庆、上海、北京、成都、广州、深圳、天津、西安、苏州和郑州，对其人口进行分析。

表 5-5　人口总数排名前十城市人口数量分析　　　　　（单位：万人）

地区	2020 年人口数	2010 年人口数	十年变化	十年人口增幅
重庆	3 205.42	2 884.62	320.8	11.12%
上海	2 487.09	2 301.92	185.17	8.04%
北京	2 189.31	1 961.24	228.07	11.68%
成都	2 093.8	1 511.91	581.89	38.49%
广州	1 867.66	1 270.08	597.58	48.05%

续表

地区	2020年人口数	2010年人口数	十年变化	十年人口增幅
深圳	1 756	1 042.35	713.65	68.47%
天津	1 386.61	1 293.87	92.74	7.17%
西安	1 295.29	846.78	448.51	52.97%
苏州	1 274.83	1 046.6	228.23	21.81%
郑州	1 260.06	862.65	397.41	46.07%

（数据来源：中国统计年鉴2021）

由上表5-5可知，常住人口数前四名的城市有重庆、北京、上海和成都，这四个城市的常住人口超过2 000万人。重庆市以3 205.42万人位居全国所有城市第一位。然而，重庆总面积达到8.24万平方公里，郑州市总面积为7 446平方公里，重庆总面积约为郑州市总面积的11倍。郑州市常住人口为1 260.06万人，位居全国第10名。与郑州市较为接近的人口数量，位居第7到第10的城市分别是天津、西安、苏州、郑州。其中天津市作为国家的直辖市，总面积约1.20万平方千米，排名第8名的西安市和第9名的苏州市都属于地方城市。西安市十年人口增幅52.97%，郑州市十年人口增幅46.07%，增幅都相对比较大。近几年，西安大力开放落户门槛，为吸引人才出具各种人才补贴政策。西安市招商引资力度也较大，随着各大企业的入驻，对人才的吸引力也逐渐增强，人才随之聚集。郑州是我国陆路交通的重要枢纽，火车、高铁的建设枢纽中心，发展前景很大，城市建设不断优化，扩张较快。近几年，郑州也意识到人口作为一个城市发展的基础，城市的发展离不开人才的贡献。郑州市开放落户门槛，2017年出具人才落户补贴、买房补贴等政策，吸引了大批的毕业生落户。

二、数字政府背景下郑州市营商环境实践

党的十九届五中全会提出，要坚定不移建设网络强国、数字中国，加快数字化发展。加快推进数字政府建设是贯彻落实习近平网络强国战略思想的重要举措，是利用信息技术推进政府治理体系和治理能力现代化的重要途径。郑州市紧跟中央步伐，高度重视当地的数字政府建设，深化"放管服"改革，优化当地营商环境，积极招商引资，为企业的高速发展提供沃土，推动经济的高质量发展。

郑州人民的智慧在运用大数据优化营商环境上尽数彰显，郑好办 APP、"心桥通"网络行政媒体品牌、郑州健康码、电子证件等都是数字政府优化营商环境的成果。

（一）国际化营商环境建设

在《2020 中国城市营商环境投资评估报告》中，郑州市荣获"中国国际化营商环境建设标杆城市"的称号。这一称号，是对郑州市近年来，在国际营商环境建设方面的极大认可。郑州市政府以群众需求为政府需求，不断提高群众办事体验，满足群众需求，利用信息技术，大力建设国际营商环境。在跨境电商方面，减少国际贸易办事环节，建设线上办事窗口，使得企业可以在网上办理出口进口贸易手续，增强企业的体验感；同时实施免费申报制度，为不同行业、规模的企业提供无差别的综合服务，提高了行政方面的办事效率。目前，郑州市国际贸易方面，"单一窗口"获得企业一致好评，其不断对自身业务范围进行扩展，由原来的服务跨境电商为主，开始向一般贸易、服务、加工贸易等多种形态进行拓展；在日常承载业务能力方面，"单一窗口"也在不断优化，由原来的日处理 2 万到 3 万单，提升至目前的 300 万~500 万单，充分满足了全郑州市的通关需求。

在数字金融服务方面，郑州大力支持商业银行转型发展，鼓励跨境支付企业创新跨境金融服务产品，打造数字金融枢纽。在人才服务方面，积极推动"一带一路""跨境"国家和地区的人才培养，并积极引进本科、硕士、博士等高端人才，提供郑州生活人才补贴和购房补贴，为郑州营商环境添砖加瓦。在创新跨境电商综合服务体系方面，郑州市鼓励并大力推广电子发票和电子合同的应用，努力实现全部单据、信息电子化，在线综合服务平台增加计算机、区块链、物联网技术，确保各类业务中数据传输的保密性和真实有效性。

（二）法制化营商环境建设

1. 信用郑州

郑州市在信用郑州的打造上，走在国家城市的前列。2017 年郑州获得"全国城市信用工作创新奖"；2018 年，郑州市在中国城市信用建设高峰论坛上荣获"守信激励创新奖"。郑州市在信用工作方面充分发挥平台数字政府优势，为信用社会治理和公共服务打好基础。2017 年 3 月郑州市实现政务云平台上的部署，畅通了省、市、县三级的各类信用信息共享渠道。郑州市的信用信息分类为 A、

B、C、D四个等级，其中A级的企业信用最好，截至目前，已经收纳2.3亿余条各类信用信息，供群众和企业线上查询。郑州市信用办依据国家各部委新发布的合作备忘录，统筹协调各个企业系统，根据各类信用信息梳理完善形成了《郑州市守信联合激励清单》和《郑州市失信联合惩戒清单》。"信用郑州"的网站上，设立有"守信红名单"和"失信黑名单"，并每日保持更新，截至目前，"守信红名单"有条目6万余条，"失信黑名单"有1.4万家企业上榜。郑州市信用办在此基础上，不断探索创新，目前还实施了"信易批""信易贷""信易行""信易租"和"信易监督"等各类信用惠民便企应用场景。截至2020年，"信用贷"为小微企业贷款难提供了极大的便利，目前有200多个小微企业享受到了"信用贷"融资的超4 000万的贷款；"信用行"已经给7万余人的出行带来极大便利；"信用租"为170余家企业、140余个创新项目，累计减免房租700余万元。"信用郑州"为郑州市企业和人民带来了极大的便利，市民登录"信用郑州"网站，便可查询各类组织、企业的信息，包括"统一社会信用代码""守信红名单""失信黑名单""信用报告""行政处罚"等信息。

2. 郑州法院信息化

郑州市中级人民法院按照最高法院关于"智慧法院"建设的指导意见，结合实际需求，引入"互联网+人工智能"技术，构建了"一个中心、两大平台、九大系统"体系，着力打造郑州法院信息化。网上诉讼服务平台为群众起诉、上诉民事、行政案件提供了极大的便利。申请人可以在"河南法院诉讼服务网"，通过手机或电脑进行网上立案，网上立案不再受时间、地点的限制。如果申请资料不够齐全，还可以在网上立案平台上对材料进行进一步的更正和增添，为当事人带来极大的便利。同时，对于法官来说，建立有专门的法官工作平台，法官只要通过"统一身份认证系统"，便可以在手机和电脑上进行一键登录，在法官平台上便可以查看相关资料，为法官办公办案提供辅助支持；郑州法院信息化，建立大数据可视化平台，系统基于案件信息资源库可以进行全面数据分析，实现对审判管理、庭审管理、执行管理、综合信息查控等方面的常态化监控、分析和展示；建立智能访客系统，可对当事人、律师等来访人员进行快速便捷登记，并实时打印二维码访客单，从而方便来访人员后续业务办理。"智慧法院"建设，有力破解了法院案多人少难题，大大提升了审判质效。

(三) 便利化营商环境建设

1. "郑好办" APP

"郑好办" APP 郑州市人民政府主办、郑州市大数据管理局承办，以"城市大脑"建设为抓手，为市民提供政务服务、公共服务、便民服务和新闻资讯等一站式城市综合服务平台。"郑好办" APP 融合了四大功能，包括服务事项、新闻资讯、心桥通、智慧城市。"郑好办" APP 第一大功能，服务事项"掌上办"，也是"郑好办"最为市民提供便捷的功能。目前，"郑好办" APP 已上线"一件事" 293 项，个人企业高频事项 108 项，查询预约 62 项，总计 463 项。其中公积金提取、新生儿一件事、新生入学报名、青年人才补贴、医保社保等一批高频亮点事项极大方便了群众办事。第二，新闻资讯"指尖查"。联合市委宣传部"郑州发布"，及时准确地发布主流媒体的权威信息。第三，政民互动"心连心"。上线"心通桥"网络问政栏目，使市民群众可以通过手机反映所需所想所盼，在人民和政府之间架起一座心连心的桥梁。第四，智慧城市"移动端"。上线智慧停车、智慧医疗、文旅服务（旅游年卡、码上游郑州、文旅云）、一码通城（公交、地铁、健康码）、郑州数据等服务，让市民能够在手机上享受数字化、智慧化为城市服务带来的极大便捷。

2. "心通桥" 网络行政

心通桥是郑州市网络行政全媒体平台，目前在电脑网页上，和手机"郑好办" APP 里都可进行访问和使用。市民在"心桥通"平台上，可以与社会各级政府管理部门进行沟通，反映社会生活中遇到的疑难杂事，有效推进政府践行群众路线，时刻为市民服务。心桥通平台利用网络信息技术的发展，为群众服务，探索了网络问政和媒体助政的发展新模式。"心桥通"网络问政平台运营多年，深入群众，帮助群众解决了诸多群众诉求，切实为群众服务，在 2013 年还荣获"中国新闻奖一等奖"。"心通桥"由国家一类新闻网站中原网搭建运营，是一个集网上问政、本地资讯、政务服务、政务自媒体为一体的综合性智慧政务服务平台，以"简政惠民"为宗旨，以畅通民意，便利民生，为群众排忧解难为己任，与郑州市各级政府管理部门沟通，提高郑州市人民满意度。截至 2021 年 11 月，心通桥已经受理网民诉求及建议 170 869 件，办结回复率达到 85%。

第六节 郑州市跨境电商营商环境建设中的挑战

一、法治保障欠缺

法治保障为大数据优化营商环境提供制度基础，且为实施各种政策背书。目前我国各地都出台了许多促进大数据产业发展和优化营商环境的政策，但总体来说缺少一部专业详细的法律法规，建立有力、透明、可执行的执行标准。比如我们在数字政府背景下优化营商环境过程中，数据挖掘的范围是多少，挖掘的程度能有多深，数据清洗加工程度可以到什么地步，什么样的挖掘方式能够被允许，不会对隐私造成侵犯，这些都是需要法律来明确标准的，可以让技术人员安心工作，也让公众放心。郑州市营商环境在法治元素方面较为欠缺，郑州市企业还存在较为不规范的行为，比如不能保障员工的法定双休，不按照法律规定给员工缴纳五险一金等，这会使得企业之间进行不正当竞争，不利于企业良性发展。

二、专业人才缺乏

人才是核心力量，人才的不足极大地限制各种工作成效。数字政府背景下，需要高新技术比较复杂，需要配备专门的大数据技术专业人才，基于信用技术发展的差异，目前数字技术人才主要集中于北上广深杭等一线城市。这些城市不仅拥有大数据产业优异发展环境，更有华为、阿里、腾讯、百度等互联网中坚企业和一大批独角兽企业，聚集了大量大数据人才，尽管如此，未来高素质的大数据技术专业人员缺口仍达百万以上，人才缺口相对来说较大，人才的结构比例也不平衡。营商环境的建设如果缺少大数据人才的支撑，会导致大数据在营商环境建设方面所需的基础不足，支撑不够，设施更新缓慢。

三、数字政府背景下大数据安全风险

当前信息化技术高速发展，在数字政府背景下，大数据的潜力是巨大的，表面看来毫无用处的数据经过技术处理后可能有极大的价值，这会促使某些投机分子通过不正当手段利用漏洞获取数据。数字政府背景下，很多政府机密数据在网站系统中，数据存储很容易发生泄露，可能会遭到黑客攻击，所以要加强大数据安全风险排查。对个人来说，很多网站或者APP会通过数据来分析我们的行迹，比如淘宝、京东等购物APP经常会通过你浏览过的商品和购物喜好来推荐商品，

比如在房屋中介看房留下电话，就会经常有电话来推销商品房。数字政府背景下，营商环境的优化处处都有数据的身影，数据一旦发生泄露或者被篡改，技术人员就无法及时提供准确的数据，数据助力营商环境优化就得不到保障，很难做出一个前瞻性的预判。

第七节　郑州市跨境电商营商环境的优化路径

一、加强法治保障，转变政府治理方式

2021 年，习近平总书记在主持中央全面依法治国委员会第二次会议上强调，法治是最好的营商环境，要以立法高质量发展保障和促进经济持续健康发展。近几年，各大城市的营商环境优化措施，不断强调法治元素的重要性。法治化环境能给企业提供公平公正的市场环境，有利于企业规范化发展，最能聚人聚财。就郑州市来说，优化法治营商环境，要使领导同志和政府部门运用法治化思维和法治化环境来规范工作，为企业排忧解难，推动企业不断发展。在法制化营商环境的优化中，政府必须培育群众和企业的法治文化，引导群众遵守国家法律政策，严于律己，遇到自身权益被侵害时，能够及时按照法律政策寻求政府帮助，形成良好的法治秩序。法治化环境中，政府自身对社会秩序的引导，自身职责的强化很重要。群众反映问题时，政府部门之间不能推诿扯皮，要积极为群众寻求法治的解决途径，培养群众社会对政府的信任感，形成良性循环。法治是衡量一个社会是否走向现代文明的重要标志之一，整个社会需要培养法治文化，弘扬法治精神，定时给企业和群众普及法律的重要性，对于违规的企业应及时予以处罚，进行警示，培育社会法治公共意识，形成良法善治的局面。

二、合理引进、培养数字人才

政府要制定科学合理的人才战略，建立健全大数据人才体系。人才是一所城市发展的基石。近年来，城市间的"人才争夺战"越演越烈，尤其是高学历或具有高级专业技术职务的人才。但是因为郑州市中大企业相对匮乏，提供薪资待遇条件不高等原因，郑州市对许多人才不具有较大的吸引力。当前，郑州市政府已经意识到河南省人才流失较重的问题，提供了一系列政策吸引人才。2017 年 11 月，郑州市为了吸引人才，保持城市竞争力，对于本科以上学历给予生活补贴、购房补贴、技术人才补贴等一系列"智慧郑州"政策。郑州市寄希望于真

金白银吸引人才，对相应条件的人才产生一定的吸引能力。要继续做好数字人才招引工作，将数字、互联网、大数据等高端人才引进纳入市急需紧缺人才引进目录，重点培养一批高素质高新技术人才。引进国际化人才，如深圳允许具有永久居留身份的国际人才建立科技企业。郑州市要增强大数据产业核心，提高关键人才和团队的引进力度，鼓励校企合作，根据实际需求在高校开设大数据相关专业相关课程，推进核心技术人才的培养；鼓励培训机构为企业定制培养方案，加强实操性课程培训，提升数字人才各方面的技能，包括在战略管理、产品研发、数字化运营等专业技能。

三、做好数据和平台安全保密工作

在数字经济发展基础上，数字政府的背景下，营商环境的优化依赖于信息技术的发展和数字政府的进一步深化。所有的事件都要切实做好数据和平台安全保密工作。在对政务大数据进行开发利用的同时，由于政务数据涉及的行业范围较广，数据的结构变化多样，部门关联关系交错，且涉及政府各种敏感保密数据，以及个人隐私数据的各种数据，因此数据和平台的安全相当重要。随着大数据潜在、更高层次的价值被注意，应当加强政府对数据的责任意识，杜绝大数据成为传播有害信息的渠道。要对数据进行分类梳理，出台郑州市数据分类指南，实行数据分类分级制度，为推动数据开放共享和挖掘各方面数据提供各种支撑。提高大数据人才的专业技术能力，优化数据平台的安全性能，重视数据在创建时的安全保障，加大数据储存环节的安全措施，不让政府和企业为数据的泄密买单。

四、切实抓住机遇，持续优化营商环境

郑州市应抓住国家大力优化营商环境这一机遇。国务院于 2019 年颁布的《优化营商环境条例》，是中国优化营商环境的第一部综合性行政法规。优化营商环境条例的出台彰显了中央优化国内营商环境的决心，标志着营商环境的建设进入了新的阶段。郑州市政府应以《优化营商环境条例》作为纲要，抓住此次机遇，持续优化营商环境。国内各大城市按照中央部署，优化营商环境，不断改革，为郑州市提供了良好的模范作用。杭州市营造自由平等的市场环境，激活市场活力，鼓励企业创新发展；北京市在成功经验上不断更新优化，利用高新技术，为群众社会带来极大便利；上海市借助科学技术高速发展的东风，利用大数据、物联网、5G 等技术发展，将数字政府与营商环境结合一起，实现 95%事务网上办理，满足企业各方面的需求。我国很多城市，借助科学技术的发展，将优

化营商环境走在世界前列，郑州市可以对标高标准，查找差距，对营商环境持续优化。

五、小结

河南作为内陆地区，在对外开放经济中存在一定缺陷，本研究对跨境电商和营商环境的研究现状进行梳理，之后分别分析了河南跨境电商和营商环境的发展现状，通过对河南跨境电商营商环境的文献研究，结合河南统计年鉴、河南省商务厅、郑州市统计局、浙江统计年鉴和国家知识产权局等统计数据，辅以问卷调查，并采用问卷调查，对跨境电商示范园区内部分市场主体对营商环境的满意度进行调查，结合统计数据，分析得出河南跨境电商营商环境存在的问题。在郑欧班列和新郑航空港等交通优势的带动下，河南跨境电商虽然得到了一定发展，但后续发展动力不足，结合河南营商环境现状，本研究认为：河南利用外资程度不够，简政放权还不够彻底，未能充分激发市场活力，部门政务服务还有提升改进的空间，要尽最大可能简化审批手续；同时，跨境电商产品大多为劳动密集型产品，产品结构较为单一，技术含量低，国际竞争力差，究其根本，主要是由于研发投入较低，创新氛围不强，另外关于营商环境的具体法律法规不到位，大多数为指导性文件，监管和法律约束不到位。针对这些问题，在城市建设方面，要对标国内其他城市，从保障外资权利、进一步深化"放管服"、完善人才培养引进、鼓励技术创新、完善营商环境法制化和持续改善基础设施和保障性民生工程方面不断发力。

第六章　河南省数字治理情况

当今世界正经历百年未有之大变局，在以数字技术为代表的新一代信息技术加速应用的大背景下，社会治理体系智能化转型已是大势所趋。"十四五"时期加快社会治理的智能化转型，需要科学认识数字技术应用于智能治理的优势，正视数字治理体系建设的不足，从多个维度统筹推进。

第一节　数字治理的概念与内涵

日益增加的数据安全风险不仅关系到国家安全、公共利益和个人权利，也对全球数字治理提出了新的挑战。越来越频繁的大量数据跨境流动对政府在理念、立法和管理方面的治理能力构成了严峻考验机制。国家监管标准的差异也增加了全球公司的合规成本。"面对全球数字治理的不足，各国需要加强沟通，建立互信，密切协调，深化合作"。

党的十九大以来，党中央、国务院高度重视数字转型，通过实施"数字中国"战略，在全球率先探索数字转型路径。在顶层设计的指导下，中国的数字化进程取得了显著成效。电子商务、社交媒体、移动支付和短视频等数字生活方式迅速普及，推动了政府服务、经济监管和社会治理的数字化转型。从公共管理方面看，互联网+政府服务、数字政府和城市脑建设等卓越成就，可以说中国正逐渐成为全球数字治理的领导者。数字治理作为一种新的治理模式，得到了大多数人的认可。正如杜泽所说，"数字治理是现代数字技术与治理理论的结合，治理主体由政府、公民和企业组成，这是一种新的治理模式。"在《数字治理的有效性、温度和规模》一文中，郑磊将电子政务、电子治理、数字政府、数字政府作为研究对象，治理等概念作为各国在不同时期应用信息和数字技术的赋权，以实现最优治理的共同期望。他认为，这些概念之间的差异主要体现在不同技术手段的迭代和治理目标的制定上。"随着数字治理的讨论更多地集中在政府管理能力、政府治理的合法性、透明度和响应性，以及如何更好地解决社会问题，实现为人民服务的目的，数字治理的概念越来越集中在公共行政领域。

数字治理的概念可以追溯到乔瓦尼·杜尼（Giovanni Duni）1978年在意大利

最高法院推动的一次会议上提出的未来数字行政法概念。这一概念的核心是电子文件具有法律价值。同年，美国发表了第一份关于"数字签名"的研究报告。在许多早期文献中，数字治理通常被等同于"电子治理"，它被认为是继电子商务和电子政务之后出现的一个概念，是政府治理在数字时代发展的产物。治理概念的主要目标群体是政府、公民和企业或相关利益群体。通过对欧美数字治理发展的考察，黄建伟等认为，欧美数字治理的发展在关注点和价值内涵上经历了电子政务、数字政府和电子治理三个阶段，每个阶段（概念）都有自己的演化过程。米歇尔·巴克斯和其他学者对数字治理进行了广义和狭义的定义。他们认为，从广义上讲，数字治理不仅仅是信息和通信技术在公共事务中的应用，更是与政治权力以及社会权力的组织和使用方式有关的"社会政治"组织和活动形式，包括经济和社会资源的综合管理，涉及影响政府、立法机构和公共管理流程的一系列活动；从狭义上讲，数字治理是指在政府与公民社会、政府与以企业为代表的经济社会以及政府内部运作的互动中使用信息技术的治理模式，简化政府行政和公共事务的处理程序，提高民主化程度。近年来，数字治理被视为一种基于信息通信技术（ICT）和大数据的多元化治理模式。它将复杂的数据分析、数据建模、数据优化和数据可视化集成到政府运营和公共行政中，从而优化管理决策和政策。然而，公共行政领域的共识和叙事对数字治理理念下公共行政价值的实现形成了束缚，同时，这种叙事往往预示着一个从工具理性到价值理性的过程。

其他学者将数字治理本身视为一个"动态"过程，包括数字政府的设计和使用决策、数字经济问题和数字民主，其不仅仅是以数字方式提供政府服务。无论是作为一种新的治理模式还是一个复杂的过程，从整个历史演进的角度来看，数字治理都经历了一个从"数字时代的治理"到"数字治理时代"的过程。数字治理的概念通常可以追溯到英国学者帕特里克·邓利维，在《数字时代的治理理论》中，他认为数字治理源于新公共管理的衰落和信息社会发展的交替点，并从信息社会的特征、信息技术的手段和数字治理的目标等方面探讨了数字治理问题。他认为，数字时代治理的概念将会取代新的公共行政。此外，他们认为数字时代的治理主要由三个关键要素组成，即将问题重新整合到政府控制中，围绕不同客户群体重组政府的基于需求的整体主义，以及通过充分利用数字存储和互联网通信的潜力来转变治理的数字化。在中国，复旦大学教授朱甘伟在 2008 年出版的《公共管理理论》一书中系统地翻译了帕特里克·邓利维对数字治理理论的观点。此后，数字治理的研究进入了国内学者的视野。陈端认为，中国的数字治理仍处于初级阶段，主要集中在五个关键领域，即数字国家治理、数字社会治理、数字城市治理、数字经济治理、数字文化治理和舆论治理。Mark Holger 和 Kim Sangtae 认为，数字治理主要关注数字政府（提供公共服务）和数字民主（公民参与治理）。与数字治理的本质相对应，即如何合理利用数字技术促进政府与公民之间的互动，构建以公民为中心的多元化社会治理体系，政府提供便捷的治理框架。值得注意的是，虽然目前数字技术在提供智能化、高质量的公共服务方面基本满足了数字治理发展的技术要求，但不可忽视的是，数字治理要在本质上使公民更便捷、更有效与政府治理互动。

许多学者和组织对电子政务的发展阶段进行了类型分析和讨论。Layne 和 Lee 认为电子政务的发展经历了四个阶段。第一阶段是收集和发布，通过创建政府机构网站提供政府信息，政府和公民之间只有单向沟通。第二阶段是业务发展。机构可以提供与政府机构的在线业务，这使得双向沟通成为可能；采购登记和运作阶段的重点是为政府信息和服务建立电子接口。第三阶段是整合政府职能领域的政府运作。例如，共享 FBI、CIA 和 NSA 数据库。第四阶段是横向一体化。不同的功能区域集成在同一个电子系统中，并通过中央门户投入使用；最后两个阶段侧重于整合现有政府结构和提供电子政务服务。另一个是联合国和美国公共行政研究所联合提出的五阶段电子政务发展模式。第一个阶段是"新兴"阶段，在这一阶段，官方的在线政府存在已经建立；随着政府网站数量的增加，第二阶段是"增强"阶段；第三个"互动"阶段允许用户下载表格，并通过互联网与政府官员互动；在第四个"交易"阶段，用户可以在线支付交易费用；最后一个"无缝"阶段实现了跨政府机构的电子服务集成。在上述两种发展模式的基础上，香农·谢林进一步提出了电子政务的类型学。然而，一些学者认为，这种过于简化的模式可能不适合发展中国家电子政务的发展。发展中国家的学习曲线要快得多，一些国家能够同时满足几乎所有的要求。在当前更加复杂的数字治理背景下，如何建立有效的类型学分析值得各界思考。

此外，许多学者试图从哲学角度分析数字治理的概念。数字治理不是试图解决问题，或者调整社会、实体或生态系统，希望它们能够更好地应对问题和冲击，而是试图建立关系，了解如何通过感知和响应正在出现的过程来帮助情况发展。数字治理从影响而非原因方面理解问题。由于任何形式的治理干预都可能产生意料之外的副作用，为了将这些意料之外的后果降至最低，决策者的重点已转向"数字治理"，即注重对影响做出反应的治理，而不是试图解决表面的原因。通过对数字治理和数字监管的比较，卢西亚诺·弗洛里迪认为，数字治理是为信息领域的适当开发、使用和管理制定和实施政策、流程和标准的实践。数字治理可能包括与数字监管重叠但不完全相同的指导方针和建议。它是由社会或政府机构制定和执行的规则体系，用于规范相关机构在信息领域的行为。数字治理只是能够塑造和指导数字社会发展的规范力量之一。在弗洛里迪的背景下，数字治理被视为一项"最佳管理"任务，类似于科学界追求的"最佳解决方案"。他认为，除了关注数字治理，影响数字社会发展的规范力量还包括数字伦理（道德价值）和数字监管。包括《通用数据保护法》在内的欧洲法律已将重点转向分析数字发展和当前立法带来的新道德挑战。

第二节 超越电子政务、数字政府和数据治理的数字治理

目前，实务界和学术界对数字政府和电子政务的区别还没有达成有效的共识。黄晃认为，对数字政府或电子政务概念的研究应该关注"层级"和"使用"两个维度。即在层级维度上明确数字政府或电子政府的概念；在使用维度上，政府、学术界、企业和媒体塑造和使用这些概念，以及各自的重点。以政策演进为标准，将电子政务向数字政府的演进分为三个阶段：20世纪70年代末至2002年的政府信息化阶段；2002—2017年电子政务阶段；2018年至今的数字政府阶段。通过对数字政府的核心目标、顶层设计、政策问题、业务架构和技术等方面的政策实践透视，在详细分析数字政府的绩效特征和演进的基础上，作者认为数字政府的定义应包括技术，管理技术和政策目标的实现和组织（政府基于数字基础设施的协调和重建）分为两个层面。

联合国和美国公共行政学会将电子政务定义为利用互联网和万维网向公民提供政府信息和服务。玛丽·布朗（Mary Brown）和杰弗里·布鲁德尼（Jeffrey Brudney）将电子政务定义为"使用技术，尤其是基于网络的应用程序，以增强获取和高效提供政府信息和服务的能力"。他们将电子政务工作分为三大类：政府对政府、政府对公民和政府对企业。David Garson 认为，电子政务的概念化有四个理论框架。第一个框架涉及信息技术对权力下放和民主化的潜力；第二个规范是反乌托邦框架强调技术的局限性和矛盾；第三个框架是社会技术系统方法，强调技术和组织制度环境之间的持续双向互动。第四个框架将电子政务置于全球化的理论框架内。

从数字社会治理的角度来看，为了充分适应数字社会的形式，数字治理作为

一种治理改革，涵盖了政府、企业和社会的广泛主题。从狭义上讲，数字治理一般被认为是人类社会进入信息时代后政府治理的一个新阶段。它具体表明，政府通过使用数字信息技术促进政府治理方法和流程的数字化、自动化和智能化。与数字治理不同，电子治理从诞生之日起就是一个宏观概念，也是信息时代治理的一种形式，涵盖互联网治理、电子政务、电子社会、智慧城市、大数据等诸多领域和内容。许多学者直接将数字治理等同于电子治理，从演化过程来看，数字治理与电子治理有一定的相似性。2003年12月，在印度举行的第一届国际电子政务会议上首次提出了电子政务的概念，电子政务已经成为信息技术在公共事务中应用的新表现。2004年，在韩国首尔举行的第26届国际行政会议上，电子政务也被定义为不仅是信息技术在传统电子政务和电子政务中的简单应用，而且还涉及公众对政府、立法机关的一系列活动和影响，以及公共管理流程。

在对象和范围上，数字治理与电子政务的概念存在一定的差异，并分别呈现出不同的形式，具有不同的价值和功能。与传统治理相比，在互联网普及和技术客观性的影响下，社会主体具有很强的自我运作能力，行政分权的趋势和作用更加明显。此外，数字治理的"共同治理"特征更加突出。与传统的提高效率和单向公告的"管理"或"工具应用"不同，从电子政务向数字治理转变的意义在于政府管理方式、手段和形式的转变，以及社会组织与决策者之间的关系，同时充分利用互联网的巨大潜力。因此，数字治理和电子政务有很多共同点，但优先级不同。电子政务强调政府作为主体的治理，而数字治理则强调多主体共同治理的理念。电子政务是政府流程的信息化，数字治理是政府流程的重构。电子政务关注政府，而数字治理关注人民。

在当今的智能传输时代，数据治理问题引起了各个领域学者的密切关注。尤其是随着人们对隐私、信息安全和市场竞争的担忧不断增加，数据治理比以往任何时候都更加重要。与数字治理不同，数据治理通常被描述为一个为数据分配权限、控制和决策相关义务和权利的框架。数据治理因数据标准、规则和需求的变化而变得复杂。在其核心，数据治理更多地被认为是一种方法，它指定了流程中数据的责任实体。

无论是数字治理还是数据治理，与之相关的研究仍处于发展阶段。具体地说，在实际层面上，数据治理没有得到广泛实施，很少有组织实现了足够的数据治理成熟度。数字治理也处于不断探索阶段；就治理对象而言，数字治理与数据治理之间存在包容性关系，数据治理从属于数字治理。数据治理和数字治理具有相同的治理基础，例如，它们基于互联网、大数据、云计算等现代信息技术；作为治理的核心，数字治理侧重于政府提供的治理框架下的公民参与。另一方面，数据治理以政府决策为核心，公民共享其提供的信息资源。

第三节 数字治理内涵演进历程与学科使命

虽然不同学者对数字治理的发展阶段有不同的划分，但这些划分在一定程度上是主观的、片面的。阶段划分的基础需要从更基本的内部逻辑开始。毫无疑问，数字治理无论是在酝酿和积累的早期，还是近年来的快速爆发，都是建立在互联网技术演进的基础上的。尽管技术和社会是相互构建的，但互联网技术在过去50年中的酝酿、增长、发展和爆炸是数字治理演变的根本动力。因此，数字治理的阶段划分从互联网技术的演进开始，不仅符合逻辑，而且可以更好地总结不同阶段的规律和特点，进行比较、分析和研究。互联网的发展基本上遵循10年一个阶段的进化节奏。当然，数字治理的发展速度要慢于技术变革。1980年，科林格在他的名著《技术的社会控制》中首次描述了所谓的"科林格困境"，核心是政治变革的步伐落后于技术变革的步伐，两者之间存在一定的步伐差距。当然，按年份划分节点仍然适用于数字治理阶段的分析。

一、技术和信息治理阶段：1970—1990年

早期在政府中使用技术被视为一个"外围"问题，而不是核心管理职能，政府组织中技术的主要使用是大规模交易的自动化。自20世纪60年代以来，信息技术革命在世界各地迅速展开，影响到社会、政治、经济和文化的各个层面，电子政务的概念应运而生。政府开始使用信息技术，但在个人电脑和互联网广泛使用之前，政府使用技术的主要目标是提高公共行政人员的管理效率和提高政府生产力。20世纪80年代以来，个人电脑的普及为公共管理者提供了个人信息技术系统，开启了政府信息技术应用的新时代。此时，技术管理开始下放给政府机构。随着权力的削弱，公众认识到信息技术问题应该纳入政府的核心职能。值得注意的是，早期作家和思想家依靠逻辑推理，对网络世界形成了乌托邦式的愿景，将其与民主政治和社会变革联系在一起。

在美国，三个重要事件标志着技术与公共行政的融合。一个是城市信息系统（URBIS）项目，由加利福尼亚大学的多学科小组从1973到1978进行。这是第一次专门针对复杂服务组织中与计算机使用相关的政策和结果进行系统的实证研究。第二，1985年，国家公共事务与行政协会委员会建议，应以计算机为主要

技能，公共行政硕士课程要求所有学生必修计算机应用管理课程，并在大学开设信息管理专业，将计算机技能和知识纳入公共管理的核心课程。第三，巴里·博兹曼（Barry Bozman）和斯图尔特·布莱希纳（Stuart Brechner）在《公共管理评论》（Public Administration Review, Public Management Information Systems: Theory and Practice）上发表了一篇开创性的论文，他们在论文中发现，技术正在改变政府，呼吁对这一领域给予更多的学术关注。然而，一个相对完整和成熟的电子政务概念需要在互联网出现的前提下得到广泛应用。在此之前，政府对信息技术的使用主要倾向于内部管理。

20 世纪 80 年代，我国逐步建立了从事政府信息化工作的机构，并逐步形成了相应的人员队伍。1981 年，第六个五年计划明确提出在政府管理中使用计算机。1982 年 10 月 4 日，国务院成立计算机与大规模集成电路领导小组。1983 年，原国家计委成立了信息管理办公室，其职能包括国家信息管理系统的规划和建设，以及有关总体规划、法律法规和标准化的研究。1985 年，国务院电子振兴领导小组成立办公自动化专业小组，负责规划我国办公自动化的发展。1986 年，国务院批准建设国家经济信息系统，建立国家经济信息中心。"七五"期间，中国已建成国民经济信息系统等 10 多个信息系统。43 个部委建立了信息中心。中央政府拥有 1300 多台大中型计算机、3 万多台微型计算机和大约 170 个数据库。在这一阶段，政府信息化的主要形式是以"办公自动化"为目标，通过计算机技术提高政府内部的工作效率，增强政府机关的信息分析能力，也为政府的电子管理打下良好的基础。

20 世纪 90 年代，随着万维网的引入，信息技术开始被纳入政府改革。1993 年，在美国国家绩效评估报告发布的影响下，我国创建了一个名为"第一政府"的一站式全方位政府门户网站。一系列立法举措，如 1995 年的《减少文书工作法》，鼓励更多机构间信息共享；1996 年的《电子信息自由法》明确了政府电子记录的发布和公众访问规则；1996 年的《个人责任和工作机会协调法》授权社会服务机构在政府间测试电子政务应用的前景；2001 年《电子政务法》的颁布为电子政务广泛应用提供了组织和金融基础设施。

1993 年，在全球信息高速公路浪潮的推动下，中国启动了由"金桥""金关""金卡"组成的"三金工程"。"三金工程"作为我国电子政务的雏形，有力地推动了我国信息基础设施和通信网络的建设，推动了我国电子信息应用的重大发展。同年 12 月 13 日，《财富》专栏作家托马斯·斯图尔特首次披露了"数字革命"的开端：一场意想不到的革命正在发生，我们周围的变化不仅是一种趋势，而且是一股巨大且压倒性的力量在起作用。他的"伟大力量"或"革命"就是"数字革命"。

1994年4月20日，中国正式接入互联网。今年，袁正光预测，"信息经济"和"知识经济"将成为未来21世纪的基本特征，"全球经济"之后，跨国公司也将发展到一个新阶段，新的"管理革命"将再次发生。

1999年，中国启动了"政府互联网工程"，旨在到2000年实现80%的各级政府和部门建立官方网站，提供信息公开和便捷服务的目标。在不到两年的时间里，中国政府开始向公众发布政府信息和在线服务。在"政府互联网工程"的影响下，我国公共信息基础设施建设取得了快速发展。在商业应用方面，从1997年到2000年，搜狐、新浪、百度、阿里巴巴、京东等公司相继成立，中国互联网产业开始崛起。

美国的电子政务在20世纪90年代中后期达到了一个转折点，当时城市、政府机构、总统和国会候选人开始使用网站进行运作和提供服务。哈佛大学肯尼迪学院的简·富恩特说："人们几乎一致认为，互联网正在对政府和政治产生巨大影响。"20世纪90年代末，随着电子政务系统在统计上与评估系统的关联度越来越高，对电子政务的全面研究开始出现。值得注意的是，这些研究和报告主要由政府机构聘请的行业顾问撰写，以帮助评估该领域的实践，而一些报告则由政府人员直接撰写，几乎没有学术界的参与。

总体而言，电子政务被视为这一阶段政府管理方式的深刻变革。这意味着政府信息的进一步透明和公开，反映了政府通过网络管理公共事务的必要性，并挑战了传统政府手工集中管理模式下的行政思维。早期的研究更多地关注技术"电子产品"，而不是政府，研究小组相对集中于工程技术。此外，电子政务不能等同于政府上网。电子政务仍然需要政治领导。随着技术应用的普及，治理理念和方法开始改变，重点从技术转移到治理（善政）。从个人办公自动化、集团办公自动化到电子政务服务系统阶段，计算机和网络技术的发展无疑起着决定性的推动作用。在电子政务发展的初期，政府掌握着信息的主导权，利用计算机网络技术为自身建设服务，而公民被动地接受政府提供的服务作为服务的对象，缺乏对政府管理或决策过程的参与。

二、经济和社会治理阶段：2000—2010年

2000年以来，中国政府在电子政务建设上投入了大量资金。特别是政府网站建设取得重大进展，"政府网上办公"实质性应用正式启动。在此期间，电子政务主管部门经历了多次调整，同时相关机构文件不断发布，新业务、新应用正朝着更加多元化的方向发展。同年，中国将"电子政务"纳入"十五"计划。从此，我国在电子政务领域的帷幕正式拉开。

2001年，美国公众对电子政务的看法在2001年9月11日事件后发生了重大变化。它从一种增加政府服务可及性、促进行政改革和促进民主参与的工具转变为一种防范恐怖主义威胁的工具。该事件带来的变化包括，政府希望促进各机构之间的信息共享，提高政府信息系统的安全性，防止可能的恐怖袭击，评估并在必要时保留或删除可能危及安全的政府网站内容。此外，电子政务系统本身及其基础设施也是恐怖主义的潜在目标。

2003是中国电子政务发展的一个极其重要的年份，也是中国数字经济发展的基础。同年4月，代表我国电子政务建设进入实质性运行阶段的《电子政务工程技术指南》发布。5月，一份名为《电子政务与发展环境的互动：行政生态描述》的报告明确指出，中国电子政务的目标是从政府管理信息化转向服务型政府。8月，"网络计算机在电子政务中的应用"项目在北京市海淀区成功试点，并且有了大量的用户。

具有自主知识产权的网络计算机将用于我国电子政务建设。此外，SARS疫情加速了电子政务的整个进程，特别是政府重视公民视角。从那时起，中国政府开始在安全工程、数字城市管理、数据中心、应急指挥等领域开展信息工程建设，成立并逐步发展成为全球最大的C2C电子商务平台。10月18日，阿里巴巴推出了首家在线第三方支付服务支付宝。

2005年，国家加强对电子商务的监管。同年，博客崛起，自媒体时代正式开启；腾讯用户注册量超过1亿，开启了即时通信的新篇章；2006年1月1日，中央人民政府门户网站正式开通，次年，国家信息化领导小组发布了《国家电子政务总体框架》标志着我国电子政务已进入深入发展阶段。

以2008年金融危机为契机，全球经济进入深入调整的新阶段。随着互联网技术飞速发展，数字治理的形式也朝着多元化的方向发展。2013年被称为"大数据"的第一年。2015年8月，国务院发布《促进大数据发展行动纲要》，正式提出国家大数据战略。同年十二月，习近平总书记在第二次世界互联网大会上指出，中国将推进"数字中国"建设。2016年，《国家信息化发展战略纲要》正式提出建设"数字中国"战略，要求提高社会治理能力。自2017年，"数字经济"已连续四年列入政府工作报告，同年，中国共产党第十九次全国代表大会的报告要求深入发展互联网+模式，加快数字经济的发展。2017年2月，贵州省大数据发展管理局成立，成为中国第一个省级大数据局。同年十二月，在中共中央政治局第二次学习小组会议上，习近平总书记强调，要推进国家大数据战略的实施，加快数字基础设施建设，促进数据资源的整合和开放共享，确保数据安全，加快数字中国建设。

2018年6月，国务院办公厅发布《进一步深化"互联网+政府服务"推进"一网一门一次政府服务改革"实施方案》。截至2018年底，23个省、200多个地市建立了大数据管理部门。除了促进数字经济的发展和转型外，互联网生态和网络内容的监管和治理也逐步加强。从《网络空间生态治理条例》开始，CAC发布了一系列关于网络空间行为准则和内容监管的条例。此外，广电总局还对网络视听节目的传播发布了更系统、更有针对性的计划。

2019年，一方面，推动和优化平台经济发展成为关注的重点话题，包括平台经济监管政策、《平台经济指引》和《平台垄断行为条例》相继出台。另一方面，在继续大力发展数字经济的同时，我国继续推进数字政府建设，加强有序数据共享，依法保护个人信息。

在这一阶段，特别是2009—2012年，学术方向集体转向"社交媒体"大数据"云计算"和"国家现代化管理体系"等领域，网络民主、公众参与、综合研究成为众多学者研究的重点，中国开始进入真正意义上的数字化管理时代。过去，以善治为核心的电子政务开始关注善治数字治理。微博的推出让"即时分享"展现了网民权力对经济和社会的影响。美团的成立加速了生活服务向网络的迁移。网上租车的出现改变了人们的出行方式。大数据技术已开始渗透到政府、商业、科技、医疗等领域，中国数字经济（平台经济）发展进入新阶段。与此同时，新技术和应用不断对内容建设提出新的挑战。互联网平台开始在信息传播中占据主导地位，也对治理能力提出了更高的要求。

三、国家与全球治理阶段：2020年之后

随着移动互联网、物联网、云计算、区块链和人工智能等数字化技术的迅猛发展，我国数字治理的内容与形式变得更加丰富，并逐渐进入一个高速发展期。当前阶段，数字治理主要以"数字政府""数字民生""数字社会"模式为典型，以智能化转型为目标。在信息技术发展下推动的"大数据+人工智能+社会治理生态"现代社会治理体系建构表明，数据驱动的社会治理已经成为国家实现社会高效治理的重要举措。然而，随着技术因素成为塑造政治发展的重要变量，特别是超级平台及其所具有的"超级权力"，对国家与社会治理构成了巨大威胁。

2020年，中国发布了一系列与数据相关的法律法规，其中要求加快对数据要素市场的培育，以及对数据分类分级安全的保护等工作。2021年2月7日，国务院反垄断委员会制定发布《国务院反垄断委员会关于平台经济领域的反垄断指南》，预防和制止平台经济领域垄断行为。6月10日，《中华人民共和国数据安全法》审议通过，自9月1日起施行。

2020年6月11日，联合国秘书长古特雷斯发布数字合作路线图（以下简称"路线图"）。古特雷斯表示，"每个国家、地区和人类生活的所有领域都正在经受着不同程度的数字革命所带来的影响。互联网作为一种重要的全球性公益产品，需要尽可能促进高水平的国际合作"。"路线图"不仅开启了联合国在数字全球治理上的努力，而且，在真正有效的全球机制缺失的今天，弥足珍贵。同时，中国也在积极响应新的技术挑战。2020年9月8日，国务委员兼外长王毅在全球数字治理研讨会上表达了中国就数据安全问题参与多边平台讨论的意愿，并发起《全球数据安全倡议》，就全球数据安全治理问题谋求合作，并提供路径参考。

第四节 数字技术应用于智能治理的突出优势

一、大数据等技术已广泛应用于智能社会治理相关领域

大数据社会治理的主要应用领域包括大数据开放、大数据决策、大数据沟通、大数据集团智能化等模式，表现在多个领域、多个方面。该系统以浙江省杭州市大脑停车系统为例，收集停车位、停车位、交警执法、违章停车、卡和数据，并结合Autonavi停车轨迹进行大数据分析，获得"哪里停车难、什么时候停车难"等量化数据。在此基础上，交警、物价、质监、市场监管、城管等部门调整价格，增加引导标志，完善交通组织，有效缓解停车问题，实现社会治理智能升级。

二、区块链技术可以作为信任机制构建的基础技术，将在与智能治理相关的各个领域发挥巨大作用

区块链技术具有难以计算、可追溯等技术优势，作为重建信任的基石，在任何缺乏信任的场景中，都将是有用的。目前，区块链的技术优势已逐渐被社会认可。中国人民银行数字货币研究院率先探索区块链在数字人民币等研发项目中的

应用，北京冬奥会数字人民币试点工作有序推进。山东省济南市基于区块链技术构建了"泉城链"平台，开创了"链上政府数据+单链授权+社会链使用+全追溯监管"的可靠数据共享新模式。然而，区块链技术在智能治理中的地位仍有待进一步提升，应用场景有待进一步探索。

三、人工智能、云计算等技术可以显著提高社会治理效率

随着数字技术逐渐取代手工劳动，数据处理和分析的效率有了质的飞跃，从而显著提高了社会治理的有效性。以国家税务总局金税三期制度为例。该系统可以汇总所有企业的工资、社保、增值税发票、水电、房地产备案、招投标、物流、电商等各类信息数据，然后利用云计算平台对覆盖率、服务质量等数据进行分析，监督的及时性和效率远远优于传统的手工方法。

四、数字技术的加速集成应用为社会治理新模式的创新奠定了基础

中国许多城市正在建设和完善"城市大脑"，在社会治理智能升级方面取得了扎实进展。例如，上海梳理了1 700多个城市运行生态标志，将50个部门的185个系统和730个应用集成到城市大脑中，全面推进城市数字化转型。杭州聚焦"关键小东西"，打造48个城市大脑应用场景。安徽省合肥市"互联网+政府服务"平台已使长三角41个城市在异地办理65件事情，并开发了联办一事等智能应用，将"寻人服务"从"人找服务"转变为"服务找人"。

第五节 河南省数字治理体系建设的短板和问题

2021是中国第十四个五年计划的第一年。与"十三五"规划相比，《中华人民共和国国民经济和社会发展第十四个五年计划纲要》增加了新的篇章：加快数字发展，建设数字中国。数字化建设显然已成为主要内容，这标志着"十四五"期间数字化治理将进入全面加速期。同时，在以数字化推进政府治理能力现代化的过程中，也暴露出一些问题和不足。

一、顶层设计滞后于实践探索，"国家一盘棋"的具体工作机制尚未形成

与之前的许多改革过程类似，中国社会治理的数字化转型也在基层进行试点。地方政府积极开展数字政府建设的机制创新，形成了大量具有借鉴意义的成功案例。因此，不同地区数字治理的制度框架差异较大，数字政府建设的相关制

度和机制不统一，实施主体差异较大。例如，省、市、县之间的数字政府建设管理机构差别很大。在一些地区，大数据局牵头，或经济和信息技术局牵头，或政府办公厅牵头。领导机关有的是行政机关，有的是事业单位，有的是企业。与此同时，各省内部的进展往往不一致，因为我国尚未拿出一套全面的顶层设计体系。在大多数情况下，一些县和市的相关制度完成后，省级建设才开始。各级建设标准不统一，系统难以衔接，重复建设的情况普遍存在。

二、数字治理的数据支持有待加强，综合数据治理体系尚未形成

数据是智能治理的核心资源，统一的标准、互联的、集成的数据治理体系是智能社会治理的基础。目前，我国数据治理还存在一些障碍，加快数据治理体系建设刻不容缓。具体表现为以下三个方面。

第一，在在线和离线方面，数据烟囱已经从"离线烟囱"转变为"在线烟囱"。目前，各地虽然通过集约化实现了数据的向上采集和系统的向上集中，但由于缺乏业务集成和数据融合，呈现为各种物理、机械和低层次的聚合，已从"离线运行"变为"在线搜索"，导致互联互通、信息共享和业务协作困难。数据分散、应用碎片化、信息碎片化、服务碎片化现象依然突出。

第二，从部门内部来看，内部数据烟囱问题突出，数字机关建设水平参差不齐。要建设全面的数字政府，第一步是建设全面的数字部门。但目前，部门内部的数据碎片化现象客观存在，许多部门建立了多个自上而下的垂直系统，最终实现部门内数据的全面共享，但尚未实现全员共享。尤其是部门内的业务、系统和数据尚未实现整合和规范化治理，部门内数据治理的碎片化现象十分突出。

第三，从跨层面来看，跨层面数据共享瓶颈突出，基层数据治理难以实现"数据到人"的目标。目前，部分高频热点问题的运营数据集中在上级业务系统，部分国家系统尚未与省市政府服务平台对接，存在企业和群众二次登录网上事务、员工二次录入处理文件等问题。虽然基层是数据的创造者和系统的用户，但由于上级数据共享瓶颈，基层很难有效获取数据回馈，导致数字政府建设出现假"基地"，削弱了基层数据为人民服务的能力。

三、数据治理权责不清，权属不清，制约了数据依法合规应用

在实践中，由于数据安全和自身利益等多种因素，一些数据持有部门不愿共享、不敢共享、无法共享，导致数据共享质量低下。同时，数据所有权不明确，限制了数据价值挖掘。虽然我国法律对个人信息数据的保护做出了规定，但数据

所有权问题并不明确，导致数据流通、交易和使用过程中存在解释空间大，市场规范性差，收入分配权属不清等实际问题，应根据法律和合规性限制数据的应用。

小智者管理事务，大智者管理系统。与英国、法国、美国等较早实施数字治理的国家相比，我国与数字治理相关的法律法规仍然不足，法律法规的制定滞后于数字技术创新。一方面，我国的数字治理工作已从起步阶段进入全面完善阶段，但仍缺乏系统、严密、可行的数字治理法律体系。现有文件主要是行政法规、部门规章或地方性法规，难以有效支持数字治理工作持续推进。例如，国家层面的相关规范性文件包括《促进大数据发展行动纲领》（国发〔2015〕50号），《国家政务信息化项目建设管理办法》（国发〔2019〕57号）和《国务院关于网上政府服务的若干规定》（国务院令〔2019〕716号）。这些文件虽然在一定程度上完善了数字治理的规范体系，但仍远远不能满足其深远发展的需要。

另一方面，数据共享系统并不完善。在数字政府建设过程中，地方政府部门本位主义严重，信息共享意识淡薄，导致数据脱节。此外，各数据库的数据编码和信息标准不统一，各平台之间、地方政府部门之间以及上下之间难以兼容信息，造成壁垒形成、信息孤岛形成。造成这些问题的根本原因是现有的数据开放和共享系统不够清晰。例如，《政府信息资源共享管理暂行办法》没有明确限制拒绝共享数据的原因，一些部门仅以"本部门内部事务"为由拒绝数据共享，《办法》没有明确界定什么是不正当的开放行为以及应承担的法律责任。同时，现有法规在实施过程中仍存在制度合理性有待完善和制度冲突的问题，这都严重阻碍了数字治理的发展。

四、受诸多现实因素的限制，数字治理的高层次安全体系尚未建立

一方面，数字基础设施的建设仍然需要大量投资。不同省市的数字经济发展水平不同，数字基础设施建设面临不同的现实条件。一些发达地区的市、县充分利用自身优势，积极探索，进而建立了新标准、新平台。较低级别的系统往往难以无缝集成，被迫重新构建是不可避免的。在一些欠发达地区，数字经济滞后，金融资源有限，数字基础设施的融资问题急需关注。另一方面，数字技术专业人员和管理人员的供应不足。数字政府建设管理人才和专业技术人才需求旺盛，但人才存量相对较小，尤其是复合型人才匮乏。

五、数字治理的多元参与机制效率不高

数字治理的核心是多元化的网络治理结构，强调多中心主体参与共同治理，即政府部门、非政府组织、私营部门和公民等多个社会主体参与治理过程。在信息时代，信息量大、获取方便，不同主体可以通过数字平台进行信息交流，实现自由互联和直接对话，促进政府决策的科学化、民主化。同时，要求政府部门善于听取和接受各方面的意见和建议。从目前的情况来看，中国数字治理的主导和核心角色仍然是各级地方政府。许多地方政府承认多主体参与机制，但在数字治理工作中，多主体参与的重要性常被忽视，其积极作用没有得到有效发挥。另一方面，由于信息不对称、参与方式不明、数字化水平参差不齐以及地方政府与非政府组织、私营部门与公民之间缺乏信任，地方政府与非政府组织、私营部门与公民之间的协同治理效率不高。此外，尽管许多地方政府已经开放了在线政府互动窗口来收集公众意见，但大多数平台都是形式主义，政府部门对政务互动平台的宣传推广不到位，公众使用度不高，而且，线上线下沟通结合不紧密，公众意见无法得到后续回应。因此，公众参与的热情逐渐丧失，数字治理难以达到最佳效果。

六、数字化管理人才培养机制不活

　　数字治理的发展需要跨学科整合和国家治理理论的有力支持。政府推动数字治理是一项涉及多个不同部门的系统工程。为了实现数字治理机制的创新，政府部门需要储备大量具有数字技术和公共治理专业知识的跨学科人才。然而，我省数字化管理中存在人才储备严重不足、培训机制不活跃、人才素质低下等问题。

　　首先，我省数字经营人才相对短缺。熟悉计算机技术的人不了解政府的运行机制，政府人员缺乏数字技术的专业知识，缺乏数字平台设计开发和数字信息应用分析的能力，导致中国数字治理专业人才短缺。其次，我省数字管理人才培养、引进和激励机制不完善。没有形成吸引和引进人才的良好环境，也没有提供适合人才发展和提升的平台，在一定程度上制约了数字治理的发展，阻碍了国家治理的现代化进程。最后，我国没有通过培养数字管理人才来培养职业素养。数字治理人才是推进数字政府治理工作的关键，当前，一些人过于注重个人利益，不能把维护社会公共利益作为首要工作目标，使我国在新时期面临的各种新问题、新矛盾难以应对。在数字治理方面，许多地方政府不愿意从政府部门以外聘请专业人员，因为担心他们会泄露国家机密，从而难以快速推进数字治理。

第六节　河南省数字治理的机制创新路径

目前，我国数字治理仍面临诸多问题，严重阻碍了我国数字治理的现代化。党的十九届四中全会提出，"坚持和完善社会治理分工制，完善党委领导、政府责任、民间支持和公众参与、民主协商、法治、安全、科技等社会治理支撑体系，人人负责社会治理体系建设。"社区的社会治理，每个人都有责任。鉴于此，我国可以从三个方面构建新时期数字治理机制的创新路径：建立和完善数字治理的法律法规，发展和重塑数字治理的多元化参与机制，建立和完善人才培养机制。

一、利用数字技术促进智能社会治理

"十四五"期间，全国要顺应社会治理数字化转型的大趋势，统筹规划、协调推进，充分发挥数字技术优势，推动社会治理智能升级。

第一，要做好顶层设计。目前，各省推进数字治理的主动性很高。在推进智能化社会治理方面，许多地方政府进行了丰富的实践，但仍缺乏总结和提炼。要在百花齐放的基础上进行梳理和深入研究，形成科学合理的国家级顶层设计。要进一步总结和提炼各地经验，加快推进顶层设计，更好地实现基层实践与顶层设计的有机结合。

第二，完善相关制度和机制。进一步完善数字技术支持智能化社会治理的体制机制，统筹推进制度法规建设，建立全方位政策体系。同时，加快完善"政产学研用协作机制"，推动社会治理数字化的理论创新、实践创新和应用场景创新。

第三，打破数据块分割。打破"数据岛"，以打开数据烟囱为突破口，加快建设"纵向衔接、横向共享"的数据治理体系，明确数据采集权限和边界，加强部门间数据治理协调，特别注重提高基层数据治理能力。

第四，积极破解人才瓶颈。通过多种渠道扩大数字技术专业人员和管理人员的供应。加强数字技术人才培养，充分调动相关人员的积极性。探索推行首席数据官制度，在相关部门设立首席数据官，有条件的地方设立数字副县（区）长。

第五，协调数字基础设施建设。中国在数字基础设施建设方面的总体投资是巨大而深远的，这需要进一步的科学协调。协调区域间数字基础设施建设进度，加大对欠发达地区的财政投入和政策支持力度，避免数字经济和数字基础设施"萧条"的形成。建立健全政府引导、企业参与、公众支持、政产学研协调的电子政务发展机制。尽快规范和制定标准，整合重叠功能，促进全国电子政务高效互联。

二、建立和完善数字治理的法律法规

社会治理"不仅是一个技术问题，而且是一个涉及复杂制度变迁过程的问题，我们应该认识到其政治性质，并呼吁社会技术治理"。推进数字治理法制化，既是提高政府治理水平的内在要求，也是完善我国数字治理体系的根本保证。一是完善数字治理的法制环境。随着数字社会的运行和数字治理的实践，国家和政府有关部门要结合探索数字治理的成功实践，制定一套具有约束力、规范性和可操作性的法律法规，创造有利于数字治理发展的法律环境，确保相关流程有法可依。政府要做好数字治理的顶层设计和总体规划，根据我国当前的数字化水平、各主体的参与程度和各地区治理的现代化进程，对数字治理进行总体规划。第二，完善数据开放共享体系。规范数据公开共享的原则、范围和程序，促进政府部门之间的数据整合和有效应用，便利其他实体获取数据。地方政府要建立数据开放问责机制，设立专门负责人，对拒绝共享、数据开放不当等行为追究责任，切实保障数据开放共享的规范运行。同时，支持数据安全和个人信息保护法律法规，为开放共享数据和个人信息安全提供强有力的法律保障。最后，从立法层面建立数字治理的监管机制。我们设立了专门的监管部门，建立了严格的监管制度，并利用数字技术加强了数据的收集和保存，以确保业务保持不变，并能被职能部门检查、监督和制约权力的行使，强化执法问责。

三、发展和重塑数字治理的多元化参与机制

数字实体的"共同治理"旨在创造一种合作治理模式。数字治理的新时代强调政府、非政府组织、私营部门和公民治理，打破了传统的单个军事行动的管理模式，不仅可以使数字化治理工作更加准确、科学，还能使政府部门在工作中赢得更多的支持和支持，促进政府与其他治理主体之间建立良好的信任发展，重塑数字治理的多主体参与机制，要坚持政府主导、多党参与的原则，拓宽其他主体参与治理的渠道，明确各主体参与的原则和程序。大力发展适应多个治理主体参与的数字治理平台，利用新一代数字技术连接各类移动设备。APP 与政府部门业务平台的接口要及时反馈公众意见和需求。在政府的指导下，充分激发其他主体参与数字治理的创造性、主动性和积极性，为数字治理提供更多有益的建议，促进数字治理多种机制的充分利用。

同时，要大力支持其他治理机构开展数字治理工作，消除非政府组织、私营部门和公民参与数字治理工作面临的各种障碍。协调资源配置，适当倾斜政策；促进信息共享，减少信息不对称，提高治理效率，让非政府组织、私营部门、公民等治理主体参与数字治理进程，充分激发其创新活力。为了提高数字资源的整合和治理效率，数字治理需要纵向协调、横向协调、内外部协调，建立多部门协调机制。定期召开数字治理协调会，加强合作，讨论工作过程中的困难和疑问，明确下一步工作重点，明确职责分工，协调推进各项工作，确保数字治理各项任务的落实。

四、完善数字管理人才培养机制

数字化管理人才是推进数字化治理的关键。数字技术在政府治理领域的广泛应用已被提升到国家战略高度，但数字治理领域专业人才的缺乏仍然是制约我国数字治理发展的重大现实问题。为了深化数字治理机制创新，有必要建立和完善人才培养机制。

第一，它强化政府部门与国内高校合作，为政府部门定向培养一批数字管理专业人才。课程设置应科学合理，整合统计学、信息技术、公共管理等学科，培养具有社会治理理念、熟悉政府运作流程和数字技术应用的跨学科人才。

第二，增加数字治理专业人才的引进。对于数字管理专业人才，政府部门可以适当放宽学历、年龄等条件，降低准入门槛，促进数字管理人才的工资福利待遇等。

第三，重视数字化管理岗位人员培训工作。每年都可以选择一批员工到国外交流学习，不断提高在职人员的专业能力和专业素质。

第四，完善激励机制和考核机制。有效的激励机制是吸引和留住人才的重要手段。对在工作中有突出表现和创新成就的人，要给予物质和精神上的奖励。同时政府要重视管理人才的考核评价工作，科学制定考核细则，将考核标准、过程、结果透明公开化，切实推进人才队伍不断优化，使其更好地服务于人民群众。

五、小结

科技发展带来的数字化、信息化对社会经济及人们的日常生活等方面产生了巨大影响，这种影响前所未有。在这样以数字技术为依托促进经济社会发展的新时代，数字治理创新已迫在眉睫，它是建设社会主义现代化国家的重中之重，可以促进满足人民群众对美好生活的需要。数字治理创新是一场系统的、深远的变革，不是一蹴而就的事情，国家和政府必须正视当前数字治理工作面临的问题与挑战，抓住数字技术发展带来的机遇，充分借鉴全球数字化转型的成功经验，完善法律制度环境、发展多元主体参与机制、健全人才培养机制，加速政府治理模式的现代化转型，不断提高政府治理能力，打造服务型、高效型、法治型政府。

第七章 河南省数字经济发展中存在的问题分析

第一节 数字经济发展不平衡问题突出

"十三五"时期河南省数字经济规模不断扩大，成为全省经济高质量发展的强烈引擎。2020年，虽然河南在数字中国总指数排名较去年下降一位，居全国第7位，但仍处于中部省份首位；数字产业数字化指数居全国第7位，中部六省首位。工业领域增速明显，2021上半年河南省电子信息设备制造业增加值增长38.1%，增速高于规模以上工业27.6个百分点；电子计算机整机、通信及电子网络用电缆、光纤、工业机器人等数字经济重要载体产品产量分别增长3.5倍、41.9%、37.6%、23.9%。服务业领域亮点突出，2021年1—5月全省互联网和相关服务业营业收入增长57.4%，软件和信息技术服务业增长39.9%；从投资领域看，上半年全省电子信息、信息传输产业投资分别增长31.9%、51.4%。同时，河南数字经济发展不均衡的问题较为突出。据测算，2020年全国数字一线城市（北上广深）和二线城市中河南仅有郑州1个城市上榜。数字三线城市共19个市，河南没有城市上榜；数字四线城市，有65个市，其中洛阳、南阳、新乡、许昌、安阳、平顶山6市在列，其余地市在数字五线城市。另外，郑州市数字经济发展程度远高于河南省其他地区，城乡之间数字资源及应用差距显著，形成了省内区域数字鸿沟。

近年来，河南省网民总体数量不断扩大，2019年底全省互联网普及率已达91.3%。虽然河南省以互联网为代表的新经济发展呈现良好态势，但是省外省内之间、省内不同区域之间、城乡之间的数字鸿沟现象依然存在。2019年，北京、上海、广东的互联网发展指数分别为76.78、64.94、62.21，与这些地区相比，河南省还有不小差距。河南省不同省辖市之间的差距也较为明显，根据《河南省互联网信息月报》公布的相关数据，截止到2019年1月，郑州、洛阳、新乡、南阳和安阳的网站数量分别为146 962个、23 149个、17 815个、13 764个和10 446个，郑州市网站数量占全省网站总数的49.8%；郑州市IPv4地址数量

171.22万个，占全省比重的16.2%，远高于其他地区。2019年，河南省城镇网民数量增加到6 005万人，农村网民数量增加到2 793万人，农村网民数量占全省网民的31.7%。相比2018年，农村物联网用户数量有了大幅增长，增长了86.4%。农村的数字基础设施也逐渐完善。虽然农村的网络基础覆盖率不断提高，但与城市整体情况相比依然存在不小差距。

网站数量是衡量地区数字经济的重要指标之一，河南省网站数量分布不均衡。根据河南省互联网协会发布的《河南省互联网信息月报》显示，截至2018年底，郑州市网站数量为147 770个，排名全省第一，占全省网站总数的49.7%；洛阳、新乡、南阳、安阳市网站数量分别为23 299个、17 845个、13 984个和10 518个，分别占全省网站总数的7.8%、6.0%、4.7%和3.5%。和城市物流基础设施相比，农村公共服务基础设施不完善，农村地区电子商务发展薄弱。另外，农业生产经营领域数字化应用偏低，成为制约城乡数字经济均衡发展的重要方面，城乡数字经济发展不协调，数字鸿沟差距明显。城市与农村之间数字资源及应用差距显著。例如，尽管农村地区网络覆盖率已经大幅度提高，但是和城市物流基础设施相比较，农村物流配送中心、物流冷链等公共服务基础设施不完善，农村地区电子商务发展薄弱，加之农业生产经营领域数字化应用偏低，成为制约城乡数字经济均衡发展的重要因素。数字经济为中小企业提供了广阔的市场机遇，但是同大企业相比，传统中小企业在数字化经营及人才发展方面严重落后，企业数字化程度普遍偏低。

整体来说，一方面，数字经济在地区间发展不均衡。受城市和农村发展程度的影响，两者也存在差异，网络基础设施建设方面，城市数字化的发展比农村地区好得多。另一方面，数字经济的主次发展不平衡。第三产业发展迅速，但农业和工业发展缓慢。无论是发展规模电子商务行业，还是推广智能数字公共服务等，旅游、疾病咨询、在线教育等都已经证明第三产业需要积极发展数字经济。然而，在农业和工业的发展中，两者都以劳动力和资本为主要生产要素，加上数字技术的应用对数字设备的投资较少，导致集成程度较低的数字技术与农业和工业结合，导致了数字经济影响三大产业发展。

第二节　数字产业信息基础设施支撑能力不足

"十三五"时期数字经济龙头企业纷纷加码郑州，海康威视中原区域总部项目、阿里巴巴中原区域中心建设规划、河南省政府管理的功能类企业正数网络技术有限公司在郑州挂牌等，一批大项目相继落户，为郑州加快数字化转型和发展蓄能添势。特别在 2020 年全省数字经济快速成长，启动了智慧矿山、智慧城市等应用场景项目 151 个，华为鲲鹏生态创新中心在全国率先布局。电子信息产业发展成效明显、新华三智能计算终端全球总部基地、中国长城（郑州）自主创新基地等重大项目开工建设，预计新一代信息技术产业增加值增长 13% 左右。新增国家级孵化平台 24 家，全国首个千亿级科技服务企业启迪科服总部落户河南。应该看到，河南省信息基础设施建设薄弱特征明显，不能适应全省经济发展的要求。2020 年前三季度河南固定宽带家庭普及率、移动宽带用户普及率分别为100.4 部/百户、89 部/百人，居全国第 13 位、第 22 位。在基础设施建设方面，应当推进 5G、窄带物联网等方面的建设与应用。

一、概念泛化理解，存在误导决策风险

新基建已呈热炒之势，与中央原有的提法相比已大幅扩容。一是概念扩大化，一些机构和地方政府把将智慧警务、智慧校园、智慧医疗等行业信息化的内容也纳入新基建的范畴，把新基建泛化理解为数字化转型，将基础设施建设和业务应用混为一谈。二是新瓶装旧酒，一些机构将特高压、城际高铁等一些较为成熟的传统基建纳入新基建的范畴，把建设规律完全不同的事物放在一个筐中，反倒混淆了新基建的基本概念和定位。新基建是技术密集型的创新设施，比传统基建的决策风险更大，盲目扩大新基建范畴、混淆建设重点，极易误导政策制定和投资决策。

二、盲目投资建设，存在供给过剩风险

根据各地方"两会"政府工作报告统计，在 31 个省（区市）重大年度投资中，有 20 多个省（区市）的新基建占比在 15% 左右，2020 年投融资规模预计在 2 万亿至 3 万亿元之间，且还存在继续加码的态势。在部分地方"喜新厌旧"、追求政绩的投资冲动下，容易造成类似光伏产业的发展泡沫，存在进一步加大地方财政压力和债务的风险。以数据中心为例，各地规划建设了一大批大数据产业园区数据中心，已经出现了一定的冗余，有些变相成为"云地产"。据统计，截至 2020 年 3 月底，仅北京周边地区数据中心投入运行机柜达 17.35 万个，在建机柜达 32.55 万个，规划机柜 27.62 万个，共计 77.52 万个。

三、脱离实际需求，存在技术迭代风险

技术创新迭代周期快的特征，决定了新基建必须坚持以现实需求为导向，并在技术路线上留足更新迭代的弹性扩展空间，不能一下铺得太快、过度超前建设。以 5G 技术为例，5G 正式商用不到半年，主要亮点还是宽带移动接入，尚未经受大流量、大连接、高可靠、低时延的充分考验。5G 发展的瓶颈不在基站建设，而是在业务需求、产品市场、安全保障，以及相关法律法规的配套方面。此外还要考虑 3G、4G 运营商建设成本回收，6G 技术布局等问题。因此，5G 基站建设首先应在人口密集、应用需求旺盛的区域布局。数据中心、人工智能、区块链等涉及的新基建内容也面临着同样问题，如果脱离实际需求布局得太快，则必然面临长期闲置、技术迭代淘汰的风险。

四、市场参与不足，存在扰乱竞争风险

目前，新基建的主要推动力量是地方政府和大型央企，以及华为、中兴、阿里巴巴、腾讯等少数 IT 巨头，惠及带动的市场主体还较少，民营资本对新基建投资的积极性不高。以数字基建为主的新基建，本质上属于创新驱动、充分竞争的新产业，发展快一点还是慢一点，要遵循市场规律和产业规律。新基建建设中，相关产业政策要充分体现普惠性，重在营造公平公正、鼓励创新的市场环境，避免少数企业拿补贴、吃偏饭，甚至骗补的情况出现。

五、信息安全问题较为突出

随着信息技术和数字经济的发展，政府部门、金融行业等多个领域都存在着网络安全问题，如病毒恶意攻击、网络高危漏洞等，网络环境也越来越复杂。重视和加强网络信息安全防范，对于推进数字经济的进一步发展至关重要。河南省基础网络运行较为平稳，但是网络安全问题出现较为频繁。截止到 2019 年 1 月，全省有 60 938 个 IP 地址所对应的主机被境外木马和僵尸网络控制过，占全国总量的 12%；有 10 169 个 IP 地址受到过飞客蠕虫病毒侵袭，占全国总量的 4.3%；有 52 个网站数被篡改过，占全国总量的 4%。

用户对个人信息泄露的担忧是数字经济发展的一个关键的限制因素。一方面，淘宝、京东等电子商务平台和支付宝、微信等移动支付应用程序需要实名注册。用户对现有的个人信息安全系统缺乏关注，出现个人信息的泄露。另一方面，犯罪分子使用应用程序来收集以及窃取用户信息和进行网络欺诈，造成负面影响，导致用户抵制使用数字应用程序。隐藏的信息安全的危险性严重影响着信息的推广和数字化应用，阻碍了数字化经济的发展。

第三节 数字技术创新驱动能力不强

近年来,河南不断拓展数字经济创新平台合作空间、创新合作方模式,吸引北京大学大数据分析与应用技术国家工程实验室郑州数字创新中心、阿里全生态体系中原总部、软通动力中原研发中心等众多知名科研院所和机构落户河南,并依托国家大数据综合试验区建设,规划布局"1+18"发展空间格局,以郑州新区智慧岛为核心,18个产业园区为节点,以核心为引领,以节点来带动。截至目前,河南已建设60家省级大数据产业技术研究院、工程研究中心和工程实验室。值得注意的是,中科院计算所大数据研究院等一批国家级创新平台先后在河南设立分中心,浪潮、新华三等行业龙头企业大数据研发中心纷纷与河南省展开合作。然而从创新研发这一指标看,全省创新能力相对较弱。截至2020年10月底,全省"十三五"期间共申请专利108万件,授权61万件,海外专利申请1 620件,每万人发明专利拥有量达到4.4件,远低于全国(15.8件)、北京(155.8件)、上海(60.21件)、江苏(3 614件)浙江(25.7件),未进前十。

数字经济的健康长远发展离不开数字的创新能力和高端领先能力。郑州地处中原,其独特的地理优势,为数字经济的发展提供了一定的有利条件,例如良好的产业集聚能力造就了郑州的设备制造、跨境电子商务、金融物流等产业具有一定的优势。但是郑州也有一些非常明显的短板,例如当地开展信通技术项目、智能制造业、智能机器人等项目的企业比较少,直接导致了郑州市的工业互联网、5G以及区域链等高端的引领性环节缺乏创新能力,同时也导致了郑州的高端引领能力不足,进而出现了数字经济高端领先企业严重短缺,高端领先人才严重短缺的问题。数字创新能力和高端领先能力的缺乏给郑州的数字经济发展埋下了隐患,而这些隐患已经从2020年度数字中国指数提供的相关数据中初现端倪。

一、数字经济相关指数增速较慢

首先,虽然郑州市的数字经济已经初具规模,但是发展较其他地区缓慢,最直观的表现就是数字中国指数实际增速逐渐下降,对比2020年度数字中国指数市级增速前十名的城市,郑州数字经济发展速度不够迅速。其次,数字文化已成为大众文化消费的主流形式,拥有超过一半的互联网用户,然而,郑州市偏低的数字文化指数,不利于为数字创新提供内生动力。在城市数字文化指数排名中,可以看到,郑州并没有进入前十。

二、缺乏创新难以在区域间取得竞争优势

数字经济已经在全国范围内进入了高速发展时期，区域间的竞争异常激烈。郑州地处中原，相比沿海地区缺乏竞争优势，如果缺乏数字化创新能力和高端引领能力，则更加无法在区域竞争中获得优势。一方面，珠三角城市群数字化程度保持显著领先，北京、天津、河北、长三角发展迅速，成都、重庆正在追赶并明显超越。在子指标方面，一半以上城市群的数字产业指数增长率超过100%，珠三角城市数字文化指数平均发展水平最高，长三角城市总量最大。另一方面，城市群是促进国家数字化进程的支柱。珠三角城市群的数字化程度保持着明显的领先优势。在11个主要城市群中，广州和深圳带动的珠三角城市群数字化程度最高，数字中国指数远高于其他姊妹城市群；成都重庆城市群继续接近第一梯队，同比增长79.4%，而中原郑州的数字中国指数增速较低。

第四节　数字经济人才缺口较大

河南数字经济人才缺口较大，高层次跨界融合性数字经济人才较为短缺。河南省人才交流中心的数据资料显示，计算机服务、软件业、信息传输等行业高、精、尖人才求人倍率保持在较高水平（求人倍率是劳动力市场在一个统计周期内有效需求人数与有效求职人数之比，求人倍率＝有效需求人数÷有效求职人数，它表明了当期劳动力市场中每个岗位需求对应的求职人数。理论上求人倍率可以反映一个统计周期内劳动力市场的供需状况，当求人倍率大于1，说明职位供过于求；如果求人倍率小于1，说明职位供不应求），数字人才需求仍然存在巨大缺口。

数字经济人才的短缺会阻碍企业的数字化转型，也会对整体经济的数字化发展造成不利影响。根据领英人才数据库有关数据，截止到2017年第三季度，拥有数字人才数量最多的城市是上海、北京、深圳，分别占全国总量的16.6%、15.6%、6.7%。数字经济人才分布呈现南强北弱的局面。另外，河南省人才交流中心数据显示，2020年，河南省应届高校毕业生将近65.6万人，毕业生数量位居全国第一，但是，大多数毕业生更倾向于前往北上广等地区就业。河南省数字技术人才主要集中在ICT基础行业，具备较高数字技术与经验的人才数量不足，难以满足数字经济快速发展的需要。

数字经济成为拉动经济增长的新引擎，数字经济的发展需要大量高素质数字

技术型人才和数字商贸应用型人才,然而河南省数字化人才的现有规模与质量却无法满足数字经济发展需要。一方面,伴随"互联网+"为代表的新产业、新业态和新商业模式发展,河南省数字化人才需求不断增加,大数据、云计算及人工智能等数字化方向的人才受到市场的青睐。另一方面,数字经济人才供给与培养模式面临挑战。从数字技术人才角度看,尽管河南省不少高校设置了数据科学与大数据专业,但是硕士博士等高端人才少,特别是目前仅有解放军战略支援部队信息工程大学和黄河科技学院两所高校招收人工智能专业学生;从数字商贸应用人才角度看,目前高校传统的人才培养模式无法满足企业对人才的需要,教育链与产业链之间没有能够实现有效衔接,具有数字化素养的管理、营销等跨界人才极其匮乏,影响数字经济可持续发展。

一、劳动成本偏低

郑州数字经济的高质量发展需要高端人才的支撑。但在实践过程中,却面临着选人难、高端人才成本高等困难。郑州劳动力成本相对较低,尽管已逐年增加,但 2020 年职工平均工资 89 464 元(表 7-1),尚未达到全国平均工资水平,并且还有一定差距,且从 2017 年开始增速逐年降低。劳动力成本低,就难以吸引高素质的专业人才。虽然郑州为吸引人才,已经推出"智汇郑州"人才政策,但对毕业年限、毕业院校等有一定限制。随着郑州经济高质量发展,普通劳动力的需求已经趋于平稳,专业化、高素质的人才的需求日益加大。郑州的劳动力成本的相对优势逐渐减弱,其带来的负面效应愈加明显。

表 7-1　郑州市 2015—2020 年就业与工资

年份	全社会从业人员(万人)	职工平均工资(元)
2015	556.8	52 987
2016	592	61 149
2017	612.9	70 486
2018	622.9	80 963
2019	635	88 030
2020	—	89 464

(数据来源:郑州市统计局年度数据)

二、河南省数字经济类人才培养模式薄弱

一方面，对比其他同层城市来看，郑州的高等院校相对较少，尤其是本科院校的数量少。具体来说，郑州市共 62 所高校，其中本科院校只有 26 所，占比 41.9%；西安的高校共有 58 所，本科院校 37 所，占比 63.8%；武汉市高校共 82 所，本科院校 45 所，占比 54.9%。对比来看，不管是西安还是武汉的本科院校的数量都要高于郑州，郑州市的院校发展实力相对薄弱。另一方面，从高校开设的专业来看，到 2021 年为止，河南大学、郑州大学等一些重点高校新增了大数据、人工智能等专业，还有一些高职高专开设了物联网技术等专业，尝试为数字经济的发展提供人才支持，但是由于缺乏经验，这些高校的专业设置比较单一，缺乏连贯性，且缺乏实践教学，其培养出来的相关人才是否可以支撑数字经济的高速发展还未可知。

目前河南省对数字经济人才的培养仍以高校为主，主要集中在本科阶段。本科毕业生的知识结构和工作能力与数字经济应用对复合型人才的实际需求存在较大差距。规范化、专业化的产业互联网人才培养机构在数量和质量上与实际需求也存在较大差距。行业互联网人才的评价和认证标准相对缺乏，使得企业缺乏相应的培训和使用行业互联网人才的基础和标准。

三、员工数字素质偏低

在数字技术与传统产业融合的过程中，两者的关系日益密切，员工的数字化素质不高严重阻碍了数字化经济的发展。根据河南省统计局的数据，2019 年河南省的互联网普及率为 59.6%，较低的互联网普及率说明大多数员工数字质量较低，与互联网接触较少，缺乏网络技能。在传统产业的转型中向数字化发展，一方面，数字化生产将取代原有的生产模式，劳动力素质的低下，造成大部分工人从事简单的劳动，重复劳动导致失业；另一方面，缺乏能够高质量使用数字化生产设备的数字化劳动力。

四、制造业企业对数字经济人才使用缺乏激励机制

目前，河南省数字经济人才使用机制不够灵活，没有形成以企业为主体、市场为导向、产学研用结合的有利于工业互联网人才成长和发挥才能的机制。此外，郑州市还有大量企业对于数字经济提高企业经营绩效的认识不深入，对互联网产业人才在企业经营中发挥作用的认知不足，互联网产业人才没有得到相应的

激励措施，导致互联网产业人才没有发挥应有的作用。

五、本土人才流失

河南作为高考大省，高考分数线多年来一直处于较高水平，反映了豫北豫南基础教育的高质量和拥有相当一批可培养、可创造的高素质本土人才。全省共有高校 100 多所，但名校屈指可数。由于没有名校，高水平考生只能报考外省名校，直接导致许多由河南培养的本地人才流向其他教育发达地区。此外，河南省高校建设与发达地区还有较大差距，劳动力水平低已成为制约河南发展的瓶颈。

此外，河南省与北京、上海、江苏等地的科研人员状况还有较大差距。这些地区作为大型科研、高等教育基地和科技人才聚集地，各类高层次人才数量众多，但来自本地的人才很少，而来自江西、河南等省的人才很多。这样的"赤字"对当地经济非常不利。因此，要吸引高层次人才，同时留住和回报本土人才。

第五节　数字经济竞争力有待提升

虽然河南数字经济发展区域聚集特征显著，但总体竞争优势不明显。基于显著的经济基础优势，充足的人才供给、雄厚的资金保障，郑州成为河南数字经济发展的区域核心。除此之外，洛阳、新乡等地也都基本形成了具有地区特色的数字经济发展模式。郑州中心龙头带动作用不断增强，数据显示，目前郑州全市信息产业规模超过 5 000 亿元；5G 基站实现市区、县城全覆盖；"城市大脑"一、二期建成投用，智慧交通、智慧城管、智慧医疗等 14 个领域 118 个应用场景上线运营。郑州成为数字治理一线城市，被评为数字政务领域的"中部样板"。值得注意的是，河南省级政务服务能力已进入全国第一方阵，豫事一网通被列为 2021 年的十大重点民生实事之一。但整体来看，河南数字经济优势不明显，虽然拥有华为、阿里巴巴、海康威视、紫光、浪潮、中科院计算所，以及郑东新区智慧岛、中原鲲鹏生态创新中心、中标麒麟、统信、达梦数据库、南大通用、东方通等行业龙头企业，但多数企业仍停留在传统制造业模式中，数字经济的核心竞争优势不突出，尤其是产业链高端环节价值再造能力不足，主要原因在于缺少具有全国乃至全球影响力的龙头企业。

河南省数字经济与先进省市相比，仍有很大的差距。据中国信通院 2018 年 4 月发布的《中国数字经济发展与就业白皮书》，广东省数字经济规模 3.6 万亿元，列全国第 1 位，江苏省数字经济规模 3.1 万亿元，列全国第 2 位，浙江省数字经济规模 2.0 万亿元，列全国第 3 位，河南省数字经济规模 1.09 万亿元，列全国第 9 位。

近年来全国乃至全球数字经济发展进入高速期，2019 年全球有 30 多个主要国家数字经济发展增速超过同期 GDP 增速，国内各个区域对于数字经济发展的竞争也愈加激烈。截至 2020 年 3 月，浙江等二十余个地区均发布推动数字经济发展的相关意见或规划等，掀起了数字经济发展的新高潮。各地积极谋划数字经济发展新基建建设，布局区块链等数字经济新增长点，竞相征集数字经济应用新场景，成立专业独立机构管理新经济发展，优化营商环境，吸引数字经济项目投资等资源。河南数字经济发展起步并不早，激烈的竞争环境留给河南在顶层设计、发展思路、政策选择等方面的空间较小，发展依然面对极大的压力。

近年来，河南省数字经济发展较为迅速，截止到 2019 年，全省共有 3 391 家互联网企业，与上年相比，数量增长了 59.1%。但是河南省互联网企业规模都比较小，只有 93 家规模以上企业，独角兽企业、互联网百强企业更是少之又少。根据中国互联网协会统计数据，2019 年全省只有河南锐之旗网络科技有限公司入围互联网百强企业。2020 年互联网综合实力百强名单中，河南无一家上榜。我国互联网前百家企业中 80%以上集中在京津冀等地区，其中有 69 家集中在北京、深圳等一线城市。截止到 2020 年底，国内共有 207 家网信独角兽企业，与上年相比增长了 10.7%。但是，这些网信独角兽企业中有 94.4%集中在北上广浙苏地区，位于中西部地区的独角兽企业非常少。

尽管河南省数字经济呈现较快的发展态势，具有较大的数字消费潜力，但是由于互联网经济起步晚较晚，河南省数字经济整体实力并不强、竞争力弱，与河南省工业大省的地位不匹配。另一方面，河南省缺乏独角兽企业。独角兽企业指成立 10 年以内、估值超过 10 亿美元、获得过私募投资且尚未上市的企业，该类公司往往代表了数字产业的发展方向。科技部火炬中心等部门联合发布《2017 年中国独角兽企业发展报告》中也显示，全国目前共有 164 家独角兽企业，河南省无一家企业上榜。缺乏互联网独角兽企业，成为河南数字经济发展中亟需解决的一块短板。另一方面，在全国范围内，河南省企业品牌网络认可程度不高。根据阿里巴巴集团《2018 年中国数字经济发展报告》，2018 年天猫"双 11"期间，全国 237 家品牌企业单日网络成交额突破亿元，其中上海 72 家、广东 56 家、浙江 43 家，而河南省企业品牌则是个位数。此外，根据《2017 河南省互联网发展报告》显示，河南省企业数字化经营管理程度普遍不高，仅有 1/3 的企业设置了互联网运维、开发或网络营销的专职团队，企业数字经济整体竞争力偏弱。

第六节 核心领域技术薄弱

核心技术匮乏是中国数字经济发展较全球先进国家的短板，也是河南数字经济发展较全国的弱势。根据 2020 年美国《福布斯》发布的全球上市企业 2 000 强名单可以看出，中国虽然上榜数量全球稳居第二，但是多以银行、地产企业为主，基础电子等数字经济基础技术领域鲜有企业上榜，美国则拥有基础电子信息行业芯片巨头英特尔，IC 设计全球前三等众多硬科技企业。在中国为数不多掌握核心技术的企业主要分布在浙江等东南沿海地区，河南近年来在信息安全产业上依靠信大捷安等一批自主研发企业，在核心技术上取得了一定突破，但总体实力较先进地区仍十分薄弱，虽然数字经济吸引阿里巴巴、海康威视等一批国内领军企业前来发展，但本土具有较强研发实力的企业数量稀少，产业规模较小。

一、工业互联网赋能河南制造业高质量发展面临的障碍

（一）企业探索应用的动力不强

由于工业互联网产业发展尚不成熟，一些企业虽然明知我国工业互联网面临发展的机遇窗口，但因为各种原因还在犹豫观望之中。例如，对工业互联网的发展前景、发展速度不确信；缺乏产业发展需要的开放共赢、敢于创新精神等等。

（二）产业高端化发展能力不足

一是产业低端化发展及产业安全等问题不容忽视。我国关键核心技术与核心产品自主供给能力不强，工业操作系统、高端传感器、工业控制器、高端芯片、高端工业软件等产业链关键环节严重依赖进口。二是龙头企业引领带动能力不足。虽然河南工业互联网平台已经达到 70 多家，但真正具有影响力、带动力的企业不多，多数平台企业在机理模型方面和专业技术等方面沉淀不足，创新能力与推广能力不强。

（三）数字基础设施支撑不牢

数字基础设施特别是中小企业内网的数字化、网络化基础薄弱，影响了工业数据的采集、传输及运用。企业应用工业互联网的前提是设备智能化，目前，根

据两化融合服务平台提供的数据，河南规模以上企业生产设备数字化率、关键工序数控化率、工业云平台应用率、智能制造就绪率分别仅为47.5%、48.2%、40.3%、7.0%。而且，由于缺少统一的标准，即使已经具备数字模块的设备，也因为缺少标准化接口规范，导致数据读取困难。

（四）融合应用不深

首先，河南多数工业互联网平台仍处在建设期，技术融合创新、业务拓展、在垂直行业的商业化应用等仍处于摸索之中，真正形成利润增长点的平台并不多。其次，工业互联网与制造业的融合程度不深、应用范围不广。平台企业没有能力开发更多应用场景去深化应用，大量中小企业没有兴趣、没有能力参与到工业互联网的创新应用中。

（五）资源要素保障能力不强

河南多数企业融资以自有资金与银行借贷为主，平台在长时间没有盈利的情况下，后期进行技术研发的能力必然会受到影响。对工业互联网用户来讲，设备智能化改造同样需要资金的投入，这导致一些融资困难的企业仅能进行局部的智能化改造。

二、河南省区块链技术发展面临的挑战

结合国内各地区块链发展现状与规划，河南区块链发展面临着诸多挑战。

（一）政策关注度与支持力度偏低

目前，河南虽然已经出台了一系列政策推动区块链技术研究与应用，但政策聚焦程度不高、持续性不强。出台的相关文件虽然均提及区块链，然而，政策文件出台的连续性不强，多数文件集中在2020年，而且区块链与大数据、人工智能、5G一并作为重点发展领域，突出程度不高。此外，面向全省设立的信息产业发展基金，共计100亿元，但区块链仅作为其中一种技术被支持，支持力度与同类省份相比相对较弱。

（二）基础理论与技术的原始创新成果不多

河南省并未成立专注区块链基础研究的重点实验室，省内高校（如郑州大学、河南大学）及科研院所的科研项目、学术论文、学术专著、发明专利、标准等区块链研究成果在数量方面依然偏少,多数研究关注于区块链技术在金融、物流等领域中的应用,基础理论的原始创新程度不高。虽然先后成立了河南省区块链技术研究会、河南省区块链产业联盟,但更偏重区块链产业,基础理论与技术的研究专注程度不高,重要的理论与技术研究成果依然缺乏,对区块链产业布局、人才梯队建设、对外交流与合作等方面产生诸多影响。

(三)对外交流合作较少

河南省虽然设立了信息产业发展基金,支持国内外高科技的优质企业的引进与培育,但区块链理论与技术研究基础弱、产业聚集效应不高、人才支撑力度不强,导致对外合作窗口缺乏,不仅与国内知名高校和科研机构的合作较少,而且本地企业与国内优质科技企业的合作也处于缓慢起步阶段,合作项目偏少,成效不显著。此外,河南地处中原,与国际知名高校、研究机构和科技企业的交流与合作相比沿海地区偏少,没有形成整合国内外优质科教资源的对外交流平台,从而影响了本地区块链发展步伐。

(四)法律法规与监管机制不健全

自2018年以来,全国层面区块链监管的法律法规相继出台,以应对区块链技术在应用过程中存在的风险问题。河南在区块链监管方面的探索仍处于起步阶段,适应本地区块链应用特点的法律法规出台较少。随着区块链与金融领域融合程度越来越深,存在的风险也会逐渐增大。

(五)示范引领与龙头企业缺乏

区块链企业主要聚集在北京、上海、浙江、广东等地,河南省区块链企业偏少,龙头企业更为匮乏。河南省在区块链园区建设方面相对滞后,无法形成集聚效应。此外,河南省开展试点应用的领域较少,示范性工程偏少,在公共卫生、金融、房产交易领域开展试点应用,领域间关联程度低,也没有形成聚合效应。本地区块链企业在发明专利、行业标准、产品研发等方面依然处于起步阶段,成功的区块链应用典型案例和具有较大影响力的产品缺乏,无法形成带动效应。

(六)高层次人才引进与培育力度弱

河南省区块链领域的高层次人才相对匮乏,高层次人才引进步伐滞后,亟待建立吸引国内外高层次人才的各类平台。河南省优质科教资源相对有限,虽然郑州大学、河南大学双一流高校和其他省内高校在区块链方面具有一定的研发能力，但开设区块链相关课程较少，而且除郑州大学、河南大学外的其他河南高校在区块链人才培养方面相对滞后，无法为本地企业提供有效人才支撑。

第七节 数字经济与实体经济融合度不高

据省统计局统计数据，2020年，全省网络零售额2 744.4亿元，增长23.7%；其中实物商品网上零售额2 280.3亿元，增长29.2%，占全省社会消费品零售总额的10.1%，占比较2019年提高2.7个百分点。从2018—2020年的增速来看，虽然增速缓慢，但是基本能稳定在25%以上。然而，全省社会消费品零售总额22 502.8亿元、下降4.1%，降幅大于全国0.2个百分点。且从2018—2020整体趋势来看，发生了较大程度的下降，直接从2018年的增速10.3%降低到下降4.1%。因此，虽然2020年全省网络销售额较2019年大幅增加，但是全省社会消费品零售总额下降，这说明实体经济中的零售部分大幅度减少，数字经济的蓬勃发展并没有有效带动实体经济，数字经济和实体经济的融合度不高。

当前我国数字经济与实体经济之间的融合发展态势良好，从整体规模和发展速度上来看，二者之间的融合速度加快，成为我国经济发展的主要动力。从发展结构上来看，二者之间的融合程度逐渐呈现出逆向渗透的特征，工业以及农业的数字化转型都有待进一步深化与发展。从发展的形态上来看，二者之间的融合形态逐渐从消费领域转向了生产领域，例如海尔集团的COSMOPIat工业物联网平台，其现阶段主要以大规模定制为核心内容，准确对接用户的基本需求以及智能制造体系，让消费者能够积极参与到产品的研发、制造以及升级换代等整个过程中。但任何事物的发展都存在着双面性特征，数字经济在与实体经济融合发展的过程中，虽然为我国经济的整体发展带来了较大的推动力，但同时也带来了新的发展问题，其主要表现在以下几方面：

一、融合不充分不平衡

导致数字经济与实体经济之间融合不充分的原因主要在于传统的企业与新生的数字企业之间对于融合的认知方面存在着一定的偏差。对于发展历史较为悠久的传统企业来说，其在发展的过程中仅仅将数字技术看作是整个生产过程的辅助手段，对于数据信息的挖掘和使用不到位。而对于新生的数字企业来说，虽然其具有较强的数据挖掘、分析与应用能力，但是其对于标准化的生产工艺与流程缺乏深度了解，在实际生产和运营的过程中很容易遇到各种问题。这种认知上存在的偏差导致数字经济与实体经济之间的融合受到了一定的阻碍，而使得整个产业重量轻质的现象较为明显。

二、核心技术有待提升

数字经济与实体经济之间的有效融合必然离不开核心技术的支撑。在使用新技术赋能实体经济领域的过程中，由于缺少长期的实战经验，使得很多实体企业在被数字技术赋能之后，不能够有效获取其所创造的价值。虽然很多省市在发展的过程中，都借助数字技术实现了实体企业的赋能，但很多工作依然处在探索的阶段。特别是核心元器件、软件、网络应用等方面的核心技术和自主创新水平都有待提升。

三、经济治理体系问题

数字经济的发展和渗透为实体经济带来了较大的变化，促使实体经济变得更加智能化，但是数字经济本身的治理体系相对滞后。例如，虚假信息的广泛传播为经济的发展带来了严重的负面影响。算法歧视和大数据杀熟的现象也导致消费者本身权益的弱化以及消费公平的破坏。

四、人才队伍建设问题

在数字经济与实体经济有效融合的过程中需要有高素质、高水平的人才队伍作为保障。新技术的应用对于人才的需求量也在不断升高，但真正高端人才的数量未能满足二者之间融合发展的需求。现阶段，我国高端人才主要集中于高校、科研机构以及部分大型高端技术企业等领域中，且多数高端人才都是从事理论研究性工作，在实践方面具有一定的局限性。数字经济与实体经济的融合是一种新的发展模式，这种模式对于人们来说是相对陌生的，所以能够真正跨界的复合型人才数量是非常少的，而且能够兼具丰富的理论知识与丰富的实践经验的人才数量更是稀少。

第八章 河南省数字经济高质量发展策略

根据我国数字经济发展战略,结合河南省情实际,对于数字经济建设,可以从基础设施建设、培育创新、政府引导和制定保障措施等方面加强工作,具体如下。面对即将到来的"十四五"阶段,数字经济也将迎来全面纵深发展的新时期。河南作为人口大省和网络大省,拥有丰富的数据资源和扎实的基础优势,未来要进一步整合资源,立足优势,突出重点,补齐短板,为数字经济发展开创新局面。

第一节 多举措促进河南省数字经济绿色平衡发展

一、高标准制定数字经济发展规划,发挥政府对数字经济的引领作用

数字经济作为一种新的经济形态,其健康发展离不开政府部门引导与监督。首先,要充分重视数字经济对经济社会的融合效应,以高标准、高质量、高起点规划数字经济发展,积极将数字经济纳入各类经济社会发展规划,完善数字经济发展政策体系,推动形成经济社会数字化转型的新格局。其次,以5G网络部署为契机,加快区域通信枢纽和骨干网络建设,打造以郑州为中心的"米"字形通信枢纽和互联网信源集散地。第三,全方位加强数字经济发展监测评估,完善数字经济发展水平评价体系,定期发布数字经济发展评估报告,强化对数字经济宏观监测,推动数字经济持续发展。第四,加快建设数字政府,创新数字社会治理模式,充分发挥政府对数字经济发展的服务及引领作用,打造数字经济创新高地。

政府作为数字经济发展政策的制定和执行者,其数字化治理能力决定全社会的数字经济发展方向和质量。一方面,充分发挥数字技术优势,使用大数据、云计算、区块链等技术提升政府治理能力与手段现代化;另一方面,构建数字化政府制度,为数字经济发展提供制度支撑。设立领导数字经济发展的部门,加强政府对数字经济的顶层设计,为其他部门与行业提供数字化政策支持,加强政府数据的共享与开放,打造数字政府。另外,构建数据安全与隐私保护制度,切实维

护政府与社会数据安全。

二、推动农村地区数字经济发展，缩小农村与城市之间的数字鸿沟

河南是传统的农业大省，但农村地区没有充分享受到数字经济红利，成为河南省数字经济发展的洼地。首先，要加大农村落后地区数字基础设施建设的投入，推进光纤宽带网络的有效覆盖，提升移动互联网规模和网络普及率，推动数字技术向农业农村渗透融合。其次，要加大农村地区包装仓储、冷链物流等基础设施建设，强化农村地区电子商务基础支撑，打造若干全国性农村"互联网+"示范工程，培育农业互联网企业，缩小农村与城市之间的电子商务鸿沟。第三，积极开展农业物联网、乡村电子商务等数字技术应用能力培训，大力扶持"互联网+农业"项目，努力提升农村地区数字化素养，以数字化支撑农业农村跨越式发展。

三、健全法制和监管体系

数字经济是数字信息发展时代的产物。发展模式、发展势头、发展因素等都在不断变化，现有的法律和规制需要以"法律改革与废除"为特征适应数字经济的发展。第一，制定关于数字信息、信息披露、数据所有权的法规，填补现有法律法规体系的空白。第二，让现行税收政策改变。一方面，提供税收政策支持数字经济发展；另一方面，创新新的税收制度，防止逃税行为，为数字经济发展创造氛围；最后，在不损害各主体利益、不影响发展的前提下完善相关行业的法律和法规。

四、加大数字经济产业发展力度，提升数字经济产业成长标准

凭借之前我们所说的实践证明剖析结果，数字经济产业的平稳成长可以明显地促进产业结构良性的提升。目前阶段我们国家处在产业结构相关方面进行调整的重要时期，要遵照当前经济成长新形式常态化的规定，提高产业结构调整的速度，达到经济形式改进提升的重要目的。数字经济产业成为高科技新技术的现代化产业，渗透到各项产业之中已经引起了产业改革，产业成效的提高与新产业的扩展发挥了关键的作用，使其自身形成了产业整体结构提升的新动力。所以，加大数字经济产业的发展力度已经成为我们国家经济形式改进提升的首要任务。

（一）开设专门部门，助力数字经济产业发展

建设出数字经济产业可以推进产业整体结构形式改进提升的专业部门，主要

作用是制定有关政策与成长计划,增加对于数字经济产业成长的关注度。

(二)完备数字经济产业基本设施的构建,提高重要的网络实力

伴随数字化不断成长,以往的网络已然没有办法再去满足未来互联科技对于网络设备的要求,还需要搭建适用于现阶段社会智能化成长的具有数字化特点的基本设备。未来的网络基本设备除在硬件设施中要不停地展开推进,同样软件问题上也要大力进行发展。第一要进一步推动4G/5G等其他基本设备构建与发展,给予极速的网络化的服务;第二是增强云计算设备中心与大数据相关平台的布置与使用,使数字传播输出途径更加丰富,拓展数据存储的空间,使智能化的运营模式更加完善;第三是提升网络基本设备建设的速度,保障广泛存在的网络实施连接。第四是提升形成平台化建设的互联网云服务的速度,使各产业形成的平台化成长获得基本设备,推进行业之间跨界共赢。

第二节 夯实新型基础设施建设

谋划领先的数字经济基础设施,加速全省5G网络布局和商用步伐,建设低延迟数据中心核心区,争取全国一体化大数据中心国家级枢纽节点在河南布局。推动万物互联、高速链接的全域感知平台建设,全面布局千万级感知节点,积极争取标识解析体系国家节点在河南落地,推动建设一批国家级节点。全面推进交通运输、水利设施、能源供给、市政管理等领域基础设施数字化转型。加快区域交流和国际合作步伐,积极引导社会民间、政府部门和外国投资等各类资本投向服务器、5G、超高清视频终端等新型基础设施建设领域。强化数字经济的基础安全保障,积极推进政府数字化转型,整合政务数据资源,提高政务利用数据科学决策等治理能力,不断丰富"豫事办"应用场景,提升跨层级、跨部门业务能力。多措并举共同构建数据安全保障体系,将数据安全和个人信息保护作为工作重点,切实履行数据安全和个人信息保护监管职责。

一、数字基础设施的建设对数字经济发展至关重要

这里的基础设施,不仅仅包括传统的信息基础设施,如高速宽带网络、IP地址(互联网协议地址)、域名等网络基础设施,还包括铁路、公路、水运、电力等传统基础设施的数字化过程。目前,全球已有146个国家实施了宽带战略或行动计划,这些战略的共同目标是发挥信息基础设施在建设数字社会中的重要作

用，通过加大宽带网络的普及程度，提高网络用户的普及率，进而加快社会数字化进程。

二、提高网络基础设施水平

一方面，加强网络基础设施在农村地区的建设，增加互联网宽带接入端口的数量，扩大光缆覆盖范围，提高农村居民光缆使用意识，弥合城乡之间的"数字鸿沟"。另一方面，根据农村居民的需求，开发适合农村居民的数字应用，以提高居民生活质量为目标，使人们的日常生活融入数字应用程序，以解决发展中的空间不平衡问题，使不同地区、不同阶层都可以享受数字经济发展成果。

三、增加数据资源

数字经济的发展是以数字信息为基础的主要生产因素。数字信息的数量和准确性决定了数字经济的发展。目前，可公开使用的数据库和存储在数据库中的有限数据阻碍了数字经济的发展。为此，河南省应该建立包含各领域数字信息的数据库，以确保数字信息的准确性和及时性。同时，探索大规模数据采集、筛选、整理、建立的运营模式，形成数据共享和交换的平台，促进数据的开放共享，实现数字经济高质量发展。

四、加快布局 5G 网络

和 4G 相比，5G 具有更高的速率，可以满足消费者对虚拟现实、超高清视频等更高网络体验的需求。5G 还具有更高的可靠性和更低的时延，能够更好地满足自动驾驶、智能制造等行业应用需求，实现万物互联，更有力地支撑经济社会创新发展。我国在移动通信领域属于后来者，但在 5G 标准研发上，我国处于全球的领跑位置。2016 年年初，我国正式启动了 5G 研发技术试验；2016 年年底，华为 polar 码（极化码）方案纳入 5G 国际标准。我国确立了 2020 年启动 5G 商用的目标。2020 年 4 月 28 日召开的国务院常务会议部署加快推进信息网络等新型基础设施建设，为新基建的推进指明方向。会议提出，要根据发展需要和产业潜力，推进信息网络等新型基础设施建设，河南应抓住这个机会，加快布局 5G 网络。

五、构建数字安全风险防范机制

随着互联网和信息技术繁荣发展，数字经济这一新动能不断推动经济的增长，营造安全的网络环境刻不容缓。一是强化数字经济安全顶层设计。研究制定有关网络安全的发展战略规划，政府要根据省域的实际情况，借鉴先进省份或发达国家的经验，努力打造更具全局性、科学性的网络安全顶层架构，从战略指导、制度设计、政策支撑层面保障数字经济安全。二是加快制定有关数字经济安全的法律法规。完善数字产权、数字税收等相关法律体系，为数字经济的健康发展创造良好环境。三是掌握数字网络安全核心技术。一方面加快研发有关网络安全核心技术密码，打造数据安全防护系统。为了进一步保障数据安全，不同行业或部门要尽量具备相对独立的安全防护系统，并且要不定期进行检查。另一方面，加强网络安全监控工作。人工智能可以在海量数据和信息中快速找到潜在的问题，要充分发挥人工智能优势，提高网络安全风险的处理效率。四是平衡数据开放共享与数据保护两者之间的关系。既要避免防护过度，为数字经济的创新发展留出合适空间，也要保障数字经济的安全发展，避免数据滥用现象的发生。

六、提高信息保障的安全性

信息数字化的缺点是容易产生信息泄露，这也是大多数数字应用程序的用户关注的一个问题。促进发展数字经济，必须建立健全信息化建设安全系统。一方面，有必要制定一个严格的信息保密制度，加强对信息的监督，防止个人资料被电子商务平台和移动支付平台故意泄露。另一方面，层层的保护为信息设置了安全墙，一旦发现信息安全系统的漏洞可及时修复。只有完善信息安全体系，才能提高数字应用的利用率，促进数字应用的发展，推动数字经济的发展。

第三节 增强数字经济创新发展能力

一、加强数字技术创新发展

掌握核心技术，提高数字产业自主创新能力，对于提升河南省数字经济竞争力至关重要。首先加强对人工智能、云计算等数字科技的研发投入力度，为研发机构和企业进行创新研发活动创造适宜环境。通过重大关键技术攻关不断提升关键技术的创新能力，深化学校、政府、企业之间的沟通合作，引导科技成果转化。其次，做强数字经济基础和优势产业。发展大数据及云计算产业，加快建设 APUS（麒麟合盛）全球数字基因库等项目；发展新一代人工智能、5G 产业、区块链技术，推进 5G 产业园、5G 车联网等项目建设和"区块链+"应用实施；发展软件信息服务业，推进软通智慧郑州研发基地等项目建设；推进量子通信、智能传感器、新型显示和智能终端的创新发展。最后，加快信息技术与传统产业融合，积极培育"互联网+"项目，推动三大产业智能化、数字化发展和经济社会数字化转型。

二、协调分配数字资源

带动全社会成员共同参与数字经济建设，享受其发展带来的红利，数字鸿沟是急需解决的最大障碍。因此，协调分配数字资源，缩小城乡之间的数字鸿沟是新时代发展的重要问题。首先，要完善农村数字基础设施建设；增加对不同地区的网络建设资金投入，保证数字经济成果惠及各个地区。其次，要积极推进农业数字化转型。鼓励各地农村电商发展，加快数字乡村建设步伐，不断优化农村物流体系，开拓农产品销售渠道，形成专有销售体系；积极建设农产品质量安全追溯平台，推动农产品生产智能化、标准化。最后，加强广大群众的信息化教育。对于贫困家庭的适龄儿童，要利用数字化手段满足他们学习的需求，培养其基本的上网技能，同时，帮助农村不上网群体实现生产生活转变，带领公众共同参与数字经济建设。

三、推动数字产业创新，提升数字经济竞争力

产业融合与创新是数字经济发展的催化剂。提升河南数字经济竞争力，需要全方位推动数字产业创新。首先，构建数字产业链条。完善大数据、云计算的产业链条，积极推动新一代信息技术与三大产业深度融合发展，培育一批辐射面广、带动性强的"互联网+"重大项目，构建完整的数字产业链和生态链，带动河南省经济社会数字化转型。其次，积极发挥企业在发展数字经济中的主体作用。一方面，鼓励大型制造企业采用智能化、数字化的新型生产方式，加快实现"河南制造"向"河南智造"转型；另一方面，积极培育互联网独角兽企业，引导中小型企业以数字化网络为载体，优化企业管理流程和销售服务，提高省内中小企业数字化运营管理能力。第三，支持跨境电商创新发展。加快推进郑州跨境电子商务综合试验区建设，搭建跨境电商和外贸一体化平台，完善跨境金融结算和智能物流等跨境电商支撑体系，打造中西部地区有重要影响力的跨境电子商务中心。

四、完善数字技术的创新体制，提高数字技术内生动力

数字技术其实可以看作是数字经济产业持续成长的根本，也是产业整体结构

提升的关键。目前阶段我们国家在数字技术成长中获得了比较好的成果，可是因为技术改进具备的能力整体性偏低，重要部分的技术极度欠缺，我们国家产业方面的成长依然略显弱势。要提升关键技术改进的实力，紧紧把握住数字经济产业的成长机会，推进我们国家产业整体结构调整，可以通过下面几点：

（一）完善研究开发条件

可以事先设置好专利，增加对于企业改进的支持信心，强化企业、科研院所和高等院校间的合作；增强对于技术型的企业与科研组织实施改进的资金支持，提升企业重点技术的研究开发的能力；研究开发重要成果期间，同样需要事先设置相关技术的专利，增强对于知识产权利用的保护力，牢牢握住改进的主动性权利。

（二）积极培育复合型的技术能人

数字经济不停出现崭新的产品和崭新的服务，技术型人才的标准同样逐渐提升，尤其在数字经济产业融入历史性产业的途中，要求要充分认识历史性业务的同时还要充分认识网络模式中的复合型技术人才。其一能将国外高级的技术能人吸引进来，尤其是熟懂数字科技、能源科技、工业科技的复合型能人，为我们国家的数字经济成长提供相关技术人才支撑；其二提倡高等院校与企业展开合作，使其培养出能够懂得历史性业务的同时还熟懂网络模式与相关科学技术的复合型能人，为数字经济的成长提供智力上的支持。

（三）拓宽数字技术应用渠道

在推进技术改进的阶段同样还需重视对于未来新的数字技术的应用，努力在各个关键领域中优先投入使用；增强数字科学技术在历史领域中的应用，推进数字科学技术更进一步地融入各行各业的技术当中，提升突破历史产业的技术改进与互相交叉的领域中的技术，推动我们国家产业整体结构有效地改进提升。

第四节　培养高层次跨界融合性数字经济人才

一、强化数字化人才培养与引进

规划建立以需求为导向的数字人才引进培养机制，定期开展数字人才队伍建设阶段性评估。优化河南省高等学校学科专业设置，重点在郑州大学、河南大学以及相关科研机构和龙头企业的高层次数字人才中选拔领跑人才作为培养对象，通过产学研紧密合作、联合攻关、协同培养，为领跑人才提供学习提升的平台与机会。重点围绕互联网、大数据、人工智能等领域，围绕多层次、多模式数字经济平台载体建设，引进一批数字经济领域学科带头人、技术领军人才和高级管理人才。

二、以人才集聚为根本，夯实数字经济基础

数字人才是数字经济发展的直接动力。河南省高校数字经济专业相对缺乏，数字人才的培养与现在社会总需求之间还有很大差距，特别是缺乏高层次人才，目前已经成为制约河南数字经济发展的一个重要因素。很多地方提出打造中国硅谷，因为美国硅谷的竞争优势来自全球顶尖数字人才产生的集聚效应。除了高层次人才，对传统产业的从业人员而言，如何转变为满足数字经济发展要求的人才，也是一个需要认真研究的问题。要通过高校、科研院所、研发中心等大力培养数字经济专业化人才，重点突出对人才原创性、基础性技术研发能力的培养，着力打造一批基础理论功底深厚、研发技术过硬的数字经济领军人才和骨干人才。

三、强化数字人才支撑

数字人才缺口是制约河南省数字产业发展的最大障碍，培育和发展数字人才队伍迫在眉睫。首先，政府应加大对数字人才培养力度，增加资金方面的投入，鼓励引导各地高校增设大数据、云计算等专业或课程，通过学校与企业合作办学不断提升学生的数字技能，更好地满足市场需求；设立相应的配套扶持体系，努力缓解企业在融资、准入门槛等方面遇到的困难，如减免小微企业的税收、提供低息创业贷款等。其次，完善人才激励制度和成果转化机制，明确人才入股、分红、期权奖励等规定的实施细则，创造支持数字人才成长的科研环境，让科研人员切身感受到成果转化带来的收益，吸引更多的海内外数字人才到河南省工作。最后，开展从业人员数字技能培训，通过"线上+线下"模式，提高从业人员的数字思维、数据分析与理解能力，鼓励从业者参加跨团队、跨组织甚至是跨平台虚拟化的活动，提高不同职业间的转换、适应能力。

加快数字经济人才的培养是发展数字经济的基础保障。首先，加大基础型数字人才供给，鼓励郑州大学、河南大学等知名高校设置数字经济相关的新兴专

业，培养具有扎实数字技术基础知识和较高数字应用管理能力的复合型人才，为社会持续输送数字化人才。其次，鼓励企业根据市场需求和产业发展导向开展技术与管理培训，构建企业—市场—产业三位一体的数字人才培养模式。第三，完善科技创新、成果转化机制，设置数字人才奖励基金，以良好的科研氛围吸引国内外高端数字人才，为数字经济高质量发展提供智力支撑。

四、提高全民的数字素质

首先，政府应加大宣传力度，提高群众的数字意识。其次，对于低收入和低教育水平的工作者，开展知识和数字化技能培训，发挥数字化水平在提高工人素质和减少失业人数的过程中的重要作用。最后，学院和大学应该结合数字经济的发展要求，加快数字经济发展的人才培养项目升级，推进数字经济与相关产业融合，培养数字信息时代的高素质人才。

五、创新数字人才培养模式，加大数字经济人才培养力度

为了更好地为数字经济的长远健康发展提供人才支撑，郑州市应从政府、高校、企业三个方面进行人才培养模式的改革。

（一）政府层面

对于政府来说，首先要应该加大对高校和企业的政策引导，努力实现政府引导、主动沟通，努力在重大创新平台取得突破，着力加强数字经济专业人才的培养，尤其是精通外语，掌握先进技术，拥有先进国际管理经验的高端人才的培养，不断提高劳动力的技能和整体素质，鼓励大学生创新创业，给予相应的优惠政策，提高大学生待遇。此外，需进一步推进"智汇郑州"人才项目的实施，注意人才引进的后期管理，完善退出和淘汰机制，分阶段进行人才评估，以保证人才使用。总之，要畅通高校、科研机构、企业人才流动渠道鼓励双向临时岗位、短期工作、项目合作等灵活流动方式，加强人才交流共享；筛选数字经济应用的标杆企业，给予一定的资金支持，建立企业间工业互联网人才交流平台，组织同行业其他企业人员在平台上交流学习。

（二）高校层面

对于高校来说，应提高教育水平，加强教育内涵建设，积极响应政府号召，在政府、大学、协会和企业之间开展合作，建设跨境电商实习实训基地，利用社会资源，为高校人才培养提供支持，帮助学校培养企业需要的实践型、应用型人才，实现学校、学生和企业多方共赢，鼓励数字经济创新，为企业家提供空间、人才、技术、财务支持和孵化服务，并促进大规模的企业创新。

在工业互联网全面发展的时代，人才需求也对高校人才培养提出了新要求。要鼓励和支持高校在专业设置、师资培养、招生规模等方面向数字经济相关专业倾斜，为河南数字经济发展提供足够的基础力量。对一些已经开设相关数字专业的高校，要加强数字经济基础学科建设，推进一流学科建设，通过加大投入和资源倾斜，不断提高数字学科人才培养水平。高校要突出需求导向和应用导向，推进产教结合、校企合作等培养机制，灵活引进企业高级数字人才任教。加强数字人才培养目标设计，促进人才培养供给与数字经济发展全面融合，为数字经济发展提供更多优秀基础人才。

（三）企业层面

从企业层面出发，应该积极呼应国家相关部门提出的产学合作项目，通过工业大学研究联盟或与高校订货课程，为数字经济学生创建越来越多的实践岗位，提高数字经济学生的理论实践能力。高校也应该积极的配合企业，构建完善合理的教学体系，加强和企业的沟通，利用"企业进入校园"等模式，将企业最为直观的人才需求带入高校，帮助高校有计划、系统的培养数字经济人才。

另外，引导企业设立工业互联网相关部门或首席信息官等关键岗位，为企业引进中高端人才留出发展空间；引导企业加大对数字经济领军人才和专业技术人才的激励力度；推动企业建立培训、保留、评价相结合的管理体系；引导企业加强对数字经济领军人才和专业技术人才的激励；探索利用期权、股权、分红权、年金等形式激励行业互联网专业人才；推动企业建立高级技术人才晋升制度，为行业互联网人才提供更大的发展空间和更广阔的发展上行渠道。人才是技术的载体，是创新的基础，数字人才是数字经济发展的核心驱动因素。因此，河南省应在吸引和聚集人才方面取得突破，落实对外引进与内部教育相结合的人才政策，促进数字经济发展，加快建设高素质、结构良好的数字人才队伍。

第五节 提升区域间数字经济竞争力

一、打造数字新型产业增长极

积极推动产业新一轮数字化转型，加速河南在食品加工、装备制造、原材料等优势领域数字化、网络化、智能化改造，推动产品设计、交通物流、仓储管理、金融保险、跨境电子商务、绿色环保等生产性服务业数字化发展，大力培育智慧出行、数字体育、数字文娱等数字生活性服务业，积极培育平台经济、共享经济等新业态新模式。推动农业数字化转型，着力推进种植、畜牧和种业的作业、管理和服务等全产业链数字化、智能化发展。培育产业增量，优化数字核心产业布局，加快布局云计算、大数据、区块链、量子通信等新兴产业；着力发展基础电子元器件等关键基础产业。聚焦高端制造、智慧物流、生物医疗、数字消费等重点领域，推动行业优势企业联合构建数字化平台。

二、提升数字素养

"数字素养"的概念，最初由学者保罗吉尔斯特于1997年提出。他认为，数字素养主要包括获取、理解与整合数字信息的能力，具体包括网络搜索、超文本阅读、数字信息批判与整合等技能。该定义有效区分了数字素养和传统的印刷读写能力。今日的"数字素养"可以被看作在新技术环境下，从获取、理解、整合到评价、交流的整个过程中使用数字资源，提高人们有效参与社会进程的能力。它既包括对数字资源的接受能力，也包括对数字资源的给予能力。提升数字素养，无论是对个人还是对国家，都具有重要意义。对于国家而言，数字素养日益成为国民素养的一个重要组成部分，影响着国家国民的综合素质，乃至国家在数字经济时代的地位。培养数字素养，可提高劳动力素质，缩小不同用户间的数字鸿沟。数字鸿沟包括：在数字设备和数字基础设施方面的鸿沟及数字素养方面的鸿沟。

三、壮大独角兽企业，为数字经济发展提供牵引

独角兽企业其实就是指估值在10亿美元以上的初创企业，初创企业一般被定义为成立不到十年的公司。独角兽企业被视为新经济发展的一个重要风向标，主要在高科技领域，互联网领域尤为活跃。政府应加大对具有先进技术、理念、产品与服务的行业龙头企业的培育扶持，使之成为数字经济发展的中心，带动数字经济产业的全面发展。

四、完善数字经济推动机制

筹建负责数字经济发展的独立运行、单列专业的政府管理机构。数字经济发展往往带来新经济、新业态、新模式和新发展，传统的政府职能机构划分面对数

字经济发展的最新需求经常束手无策,在实际操作中行政审批等环节存在滞后性,不便于政府第一时间抓抢数字经济发展的最新趋势。新成立的专业管理机构应具备较为独立的管理权,遇到模糊交叉的界限可以协调工业和信息化部门、交通部门、商务部门等多方有关部门,尽快解决实际问题。

五、全面加快开放合作进程

河南数字经济发展面临核心技术薄弱、专业人才匮乏等问题,突破短板制约的重要途径就是充分发挥河南的开放优势,借助打造内陆开放高地机遇,在对外开放合作中汇集发展资源,弥补自身存在的不足,为数字经济发展打造开放创新合作的新格局。围绕河南数字经济发展的薄弱环节,开展精准招商和产业链招商,吸纳外部技术与资金联合发展。积极推动地方与一流高校、中央研究机构等密切合作。探索多种模式的省部会商、央企合作,共同成立专业研究机构,争取更多的研究中心在河南设立,为数字经济发展带来更为雄厚的科研力量和丰富的创新资源。

第六节 加快数字经济核心技术攻关

核心竞争力是指能够为企业带来比较竞争优势的资源,以及资源的配置与整合方式。随着企业资源的变化以及配置与整合效率的提高,企业的核心竞争力也会随之发生变化。凭借着核心竞争力产生的动力,一个企业就有可能在激烈的市场竞争中脱颖而出,使产品和服务的价值在一定时期内得到提升。

在数字经济与实体经济有效融合的过程中,核心技术的支持能够为整个发展提供创新的动力和保障。同时,核心技术的支持也是整个行业发展的内驱动力,对各个企业实现网络化与协同化有着非常强大的支撑作用。面对核心技术方面存在的不足,需要通过多种方式来突破技术的关卡。

第一,企业应当注重与高校、科研机构以及大型高科技企业科研力量之间的持续合作,将实体经济与数字经济融合过程中所需要的各种高新技术、目前技术中的薄弱环节、核心元器件研发等作为重点,突破现有的技术瓶颈,加强核心技术环节以及中间产品的自主性和可控性。

第二,为了保证核心技术得到进一步的优化与创新,在数字经济与实体经济融合的过程中,要适当增加核心技术方面的投入。特别是要加强5G技术、人工智能技术以及区块链技术的研发投入,保证各项技术在研发过程中能够得到足够的资金支持。

第三,在核心技术的研发和应用过程中必须要有相应的基础设施来支持,同时,加强基础设施的建设也是数字经济与实体经济融合的基本需求。因此,要加快构建领先于全球且安全可靠的云数据中心,推进云计算技术的创新发展与应用,满足二者融合过程中对数据存储空间与计算能力的基本需求。同时还要加强对现有基础设施的升级与改造,加快数据传输速度,进一步提升网络通行能力,为数字经济与实体经济的融合提供基本的硬件保障。

一、以工业互联网推动河南制造业高质量发展的策略建议

(一)建立完善产业生态

一是加强规划协同、政策协同,统筹推进工业互联网平台与5G、物联网、数据中心、智能计算中心等其他新基建建设,共同为制造业高质量发展赋能。二是鼓励制造企业、通信企业、互联网企业、软件企业等进行工业互联网领域的跨界合作,做大河南省"行业蛋糕"。三是制定工业互联网产业技术图谱,聚焦核心技术短板和需求最为迫切的共性技术问题,推动政产学研用协同创新,提高关键核心技术供给自主性。四是推动省内外工业互联网领域开放合作,推动工业互联网企业"走出去"和"引进来"。五是大力弘扬"开放、合作、共享"等互联网精神,充分发挥典型工业互联网平台的示范引导作用,引导传统制造企业改变发展观念,营造产业发展的良好社会氛围。

(二)夯实数字基础设施支撑

一是进一步完善数字基础设施,夯实工业互联网发展的网络基础。引导和支持制造企业按照工业互联网规范标准进行设备设施的智能化改造。二是推进标识解析体系在河南的建设与部署,围绕河南重点产业和重点领域,加快二级节点和企业标识节点等的建设,拓展工业互联网标识解析的应用场,引导标识应用向更大规模、更广范围发展,破解信息孤岛问题。三是依靠省信息安全产业示范基地和网络安全产业基地,进一步推动信息安全企业集聚,集群发展提升河南信息安全关键核心技术研发能力,推动信息安全企业和工业互联网平台企业等的深入合作和协同创新。

(三)深化融合创新与应用

一是鼓励5G、人工智能、大数据、区块链等前沿技术与工业互联网的融合

创新，拓展新技术应用边界。二是围绕河南各细分行业需求鼓励工业互联网平台不断拓展应用场景，持续提升应用服务能力，推动解决方案做深做实做出特色，实现工业互联网在制造领域的全面渗透应用。三是通过示范引导、资金支持、降低应用成本等引导中小企业应用工业互联网。

（四）强化资源要素保障

一是加大财政资金支持力度。设立工业互联网产业基金，重点支持河南优势产业、重点产业建设高水平的工业互联网平台；设立工业互联网技术改造专项资金等，加大对企业智能化改造的支持力度。二是完善供应链金融政策支持体系，鼓励银行加大对核心企业的金融支持力度，探索供应链存货、订单等融资新模式。三是加大对数字化复合型人才培养力度。聚焦工业互联网产业对各个学科人才的能力要求，鼓励高校在课程体系中嵌入工业互联网课程，加强学科交叉融合。支持面向未来工作的终身学习，搭建工业互联网继续教育平台，提升现有人才对工业互联网的认知能力以及在人机交互环境下的工作能力。

二、促进河南省区块链技术发展的对策

第一，明晰定位，将区块链作为新技术基础设施纳入政府重点专项工作。明确河南省区块链的发展目标和定位，着力突破区块链核心技术，实现区块链与其他各产业之间的深度融合，使其成为河南省各产业发展的桥头堡和助推器，为河南省数字经济发展、产业高质量发展，乃至在黄河流域生态保护和高质量发展中发挥重大作用。

第二，强化研究，加快重大科技创新平台建设。围绕区块链关键核心技术问题，以需求为导向、以前沿为引领，面向国家和河南省战略需求，强化科技计划导向，持续支持区块链及其相关重点领域；加强交叉研究，完成区块链与基础学科交叉布局；加大科技计划开放力度，鼓励联合研究，提高基础研究原始创新能力。积极推进区块链技术科技创新平台建设，筹建一批致力于区块链理论创新的重点实验室、区块链关键技术研发的工程技术中心、区块链应用的研究院，增强河南省区块链自主创新能力。

第三，加强交流，促进"一带一路"沿线区块链产业合作。分析河南在区块链领域的优势与不足，深化政府间科技合作，特别是加强与"一带一路"沿线国家在区块链方面的技术交流，促进"一带一路"区块链产业合作。建立区块链国际创新合作平台，支持有一定基础的高校和科研单位申报"一带一路"

联合实验室,配合"一带一路"倡议,加快推进区块链发展和应用。

第四,创新机制,推动区块链发展与监管机制创新。结合区块链产业发展中遇到的新问题、新事物、安全风险以及区块链应用发展规律和相关的法律问题,有针对性地制定区块链管理体制,完善区块链相关的法律法规以及行业规范。充分发挥政府相关部门的统一管理与协调作用,在促进区块链应用及产业发展的同时,降低风险发生概率,推动区块链安全有序发展。

第五,典型带动,做好产业龙头培育与示范性工程建设。坚持外部引进与内部培育相结合,加强与国内外知名区块链企业合作,加快培育省内区块链企业,产出一批具有国内外影响力的区块链产品,建立和完善河南区块链成果应用转化体系。加快区块链在电子政务、金融、工业等领域的示范应用,实施一批示范工程建设,发挥示范引领作用。

第六,引进培养并举,加大区块链领军人才建设与人才汇聚的力度。制定和实施区块链人才建设工程,采取本地培养与外部引进相结合的方式,加快高层次区块链领军人才队伍建设。以河南省内有一定基础的高校和科研机构为依托,自主培养高层次区块链人才;鼓励省内高校、科研机构和相关企业,采取灵活方式,柔性引进高层次区块链人才,制定明确的科研及人才培养任务。另外,针对高层次区块链人才,制定完善灵活、优越的政策,比如在住房补贴、人才公寓、职称评审等多方面给予优厚待遇,从而吸引高层次人才。

第七节 促进数字经济与实体经济融合发展

基于上述内容可知,数字经济在与实体经济融合发展的过程中,依然面临着挑战,因此,需要采取积极的措施予以应对,促进二者之间高速融合。在抗击新冠肺炎疫情斗争中,新一代信息技术在病毒溯源、患者追踪、疫苗新药研发等防控工作,以及无人生产、远程运维、居家办公等在线工作中,都发挥了重要作用。未来,应重视推动互联网、大数据、人工智能和实体经济深度融合,促进产业数字化、数字产业化,加快一、二、三产业数字化、网络化、智能化转型,培育新应用、新模式、新业态,拓展数字经济新空间,不断形成新增长点、新动能。通过数字经济龙头企业、标杆企业和数字产业园、示范园的辐射带动,引领互联网、大数据、人工智能等数字技术和一、二、三产业深度融合发展,着力推动农业、工业和服务业向数字化、智能化、平台化、生态化升级,不断释放数字经济助推实体经济发展的放大、叠加、倍增效应。

河南传统经济占比较重，发展数字经济存在一定的阻力，但一方面数字经济可以为传统产业提供转型升级新路径，另一方面传统产业也为数字经济纵深发展提供了更为广阔的空间。深入推动数字经济与实体经济相融合，能够为数字经济发展注入源源不断的新动力，拓展数字经济发展的内涵与外延。中国信通院发布的《中国数字经济发展白皮书2019》显示，产业数字化已经成为数字经济发展的主阵地，其对数字经济增长的贡献度高达86.4%。河南数字产业发展同东部地区相比存在较大差距，并且追赶尚需时日，全面深化数字经济与实体经济融合，率先提高产业数字化水平，是推动河南数字经济发展的重要契机。

一、保证数字经济和实体经济充分且平衡发展

面对数字经济与实体经济之间不充分且不平衡的发展，应当从认知上进行转变，以数字化转型为突破口打造数字经济产业链，形成多元化的生态体系。

第一，加强数字技术在传统企业中的渗透，构建基于互联网的全新的产业生态模式，推动数字技术在传统企业的设计、研发、生产以及制造等多个领域的进一步渗透。从根本上认识到数字技术的价值和优势，并且加快企业的数字化与智能化发展。例如，制造业是我国极具特点的传统企业形式，其在整个发展的过程中，已经具备完善且标准化的生产流程，将数字技术融入整个生产流程中去，能够促使整个生产流程智能化发展，推动制造业由"中国制造"向"中国智造"的方向逐渐转变。

第二，传统企业应当与互联网企业展开深度合作，适当将传统业务进行外包，并且重视个性化定制，带动传统企业部分工序的智能化发展。与此同时，传统企业在与互联网企业合作的过程中要重视开展基于信息技术以及大数据技术的业务的创新，打造一批基于互联网的标杆企业，为更多中小企业的数字化转型奠定良好基础。

第三，进一步延伸数字化产业链，打造全产业链条，并且培养出数字化产业集群，通过共享经济生态链对现有的"互联网+"产业进行升级，使其逐渐向"智能+"的方向发展和过渡，进一步拓展数字经济发展的新空间，并且带动实体经济向更加智能化的方向发展。

二、健全经济治理体系

在数字经济与实体经济融合的过程中，需要有全新的经济治理体系来为整个经济活动的开展提供有效支持，因此完善数字经济治理体系对二者之间的融合发

展有非常重要的支持性作用。

第一，建立以市场竞争为导向的数字治理体系，进一步完善新型数字行业垄断的治理政策工具。对于在数字经济市场不完善时出现的滥用市场支配地位的不正当竞争行为，应当予以坚决查处，并且要达到以儆效尤的效果，为经济的融合发展创造更加公平的市场环境。

第二，要建立完善多元主体参与的数字治理体系，充分发挥出不同主体的积极作用，包括政府、行业协会以及企业等。其中政府的重点应放在平台的垄断、负外部性的治理等方面；行业协会的重点应放在行业自律和健康发展、行业内部数据共享等方面；企业的重点应放在基于高新技术算法的价值观的构建以及负面信息传播治理等方面。通过多主体共同发挥作用的协同治理，推动经济管理体系的建设，为数字经济与实体经济的融合营造良好的环境。

第三，要围绕不同的维度来制定完善的整体评价指标模型，根据各个行业的不同发展特点来研究相应的行业评价指标模型，客观且全面地反映出各个行业在数字经济支持下的发展综合能力水平，为后续融合工作提供更强的指向。

三、加强数字经济和实体经济融合，推进产业结构改进升级

提升数字经济产业融入历史性产业的速度，推进产业整体结构改进提升，提高历史性产业更新速度，达到产业提升，是我们国家产业整体结构调整的关键步骤。数字经济整体产业具备改进能力与渗透能力以及带动能力的优点，开通下游与上游的产业链，提升数字经济产业中的企业融入历史性企业中的速度，能够帮助历史性产业更新，而且还可以促进崭新的业态与崭新模式的形成，对于产业整体结构改进提升有重要作用。

（一）借用数字化方法对历史性农业加以改进

我们国家农业方面现代化具备的水平偏低，需要借用科学的数字技术来完成农业方面的提升。第一，数字的科学技术在农业范围当中的改进与使用。要在农业信息的正规体系、信息的收集技术、非真实性的设计技术、温室智能化操控等其他系统研讨与使用当中提升速度，把互联网科技、智能科技等科学术和农业形成结合状态，构成具有数字化的农业体制，使农业的生产环节具备智能效果，生产的途中实现实时监测，将农业的产品通过网络与传统贸易形式进行销售，减少农业在生产过程中的资金成本，提升农业在生产过程中的效率；第二，提升建立农业相关信息的服务平台速度，向农民群体提供智能性的产品与相应的服务，支

持农民获取更加精准的信息与学科技术，指引农业生产，妥善借用农业具备的资源，提升农业方面的数字化水平。

(二) 提升数字经济产业对制造业的渗入速度

这些年，我们国家智能设施改进获得了突破，可是若想实际建设成制造业的大国，达到制造业的大幅度成长，还要提升数字经济整体产业完全融入制造业当中的速度，推进制造业获得智能化与数字化成长。第一，要增强对于数字科学技术范围上的合理布局。扩展数字改进的空间、创立的特殊区位环境等，推动人工智能、3D 技术、数据块等其他项目的建立，主动的进行引领，推动关键范围智能化产品的改进。第二，需要提升工业网络平台成长建设的速度。工业网络平台是数字经济整体产业和制造业互相融入的支撑点，要围绕具备优势的行业进行发展，提升打造符合国家级别的工业网络平台，建设全面系统的平台体系，指引具备优势的工业企业开展工业云平台的建设，支持利用网络平台提供服务的企业建立主体之外的客体云平台，激励工业信息与工业数据朝着云平台方向进行转变。第三，需要进一步地将数字科技投入制造业范围中进行使用。提升传感器与操控系统以及网络信息宣传系统等其他科技融入制造业科学技术的速度，增强数字科技投入制造业范围内的使用；加大力度推进智能化性质的工厂发展，提升智能化性质生产的速度；提高制造业形成的数字化水平。

(三) 提升服务行业中数字化脚步的速度

我们国家服务行业在整个行业中的比例逐渐增加，可是和科技先进的国家比较依然具有相当大的差距，重点关注服务行业当中的数字化成长水平，对我们国家服务行业方面的成长具有关键的意义。建立和数字科技结合在一起的商业形式与产品改进方法，要对服务行业给予更宽广的成长空间，充分利用数字科技存在的优势，提升数字科技融入服务行业当中的速度，运用互联网平台作为服务行业成长的支撑，让服务的每一个步骤都能够达到智能效果，提升服务成效，凭借数字化的快速成长从而加速信息类、金融类、物流等其他服务行业和制造行业的结合程度，拉伸产业链接，推进融合共同成长，推动产业整体结构改进与提升。

(四) 完善数字经济治理体系

给数字经济产业的成长创造绝佳条件，在数字经济成长历程中，除市场对于自身机制进行的调整，同样也需政府给予指导方向，给数字化成长创造更好的生存环境。

1. 加强数字经济有关范围内的法制与相关管理的建设

制定针对数字经济相关的条文，推进数字经济成长，增强目前已有法律的修订工作，积极调整对现阶段数字经济成长不利的条款。

2. 降低网络中存在的风险

伴随网络化的逐渐成长与数字化陆续成熟，数据信息发展的速度非常的惊人，对于网络中存在的隐患需要重点关注。首先需加强对网络安全的重视，增强网络的防御力；其次提高对于信息与数据方面的管控，重点关注数据自身产权问题，增加数据安全的管理，熟知且主动落实关于网络方面的各项法律法规，提高现实中网络安全的水平。

3. 推动协和同步管理，提升管理中的实质质量

伴随数字科技逐渐融入实体的经济当中，其中存在的负面问题陆续体现出来，市场中混乱的现象频繁，所以需明确将网络平台管理责任进行划分，探索各部门相互作用下的管理方式，构建多方参与的管理组织，给数字经济产业成长创造优良的环境。

参考文献

[1] 赵涛,张智,梁上坤. 数字经济、创业活跃度与高质量发展:来自中国城市的经验证据[J]. 管理世界,2020,36(10):65-76.

[2] 戚聿东,肖旭. 数字经济时代的企业管理变革[J]. 管理世界,2020,36(6):135-152,250.

[3] 荆文君,孙宝文. 数字经济促进经济高质量发展:一个理论分析框架[J]. 经济学家,2019(2):66-73.

[4] 陈收,蒲石,方颖,等. 数字经济的新规律[J]. 管理科学学报,2021,24(8):36-47.

[5] 张璐菲,袁平红. 数字经济驱动中国产业结构优化升级研究[J]. 洛阳师范学院学报,2022,41(2):61-68.

[6] 马玥. 数字经济对消费市场的影响:机制、表现、问题及对策[J]. 宏观经济研究,2021(5):81-91.

[7] 梁会君."双循环"新发展格局下数字经济驱动消费增长的机制与路径:基于有调节的中介效应检验[J]. 重庆大学学报(社会科学版),2022:1-13.

[8] 刘军,杨渊鋆,张三峰. 中国数字经济测度与驱动因素研究[J]. 上海经济研究,2020(6):81-96.

[9] 朱太辉,张晓晨,林思涵. 数字经济时代平台企业如何促进共同富裕[J]. 金融经济学研究,2022:1-12.

[10] 吴静,张凤,孙翊,等. 抗疫情助推我国数字化转型:机遇与挑战[J]. 中国科学院院刊,2020,35(3):306-311.

[11] 李宜璞. 数字经济时代需要什么样的人才[J]. 中国大学生就业,2021(23):24-25,29.

[12] 高京平,孙丽娜. 数字经济发展促进我国产业结构升级的机理与路径[J]. 企业经济,2022(2):17-25.

[13] 姚战琪. 数字经济对我国制造业出口竞争力的影响及其门槛效应[J]. 改革,2022(1):15.